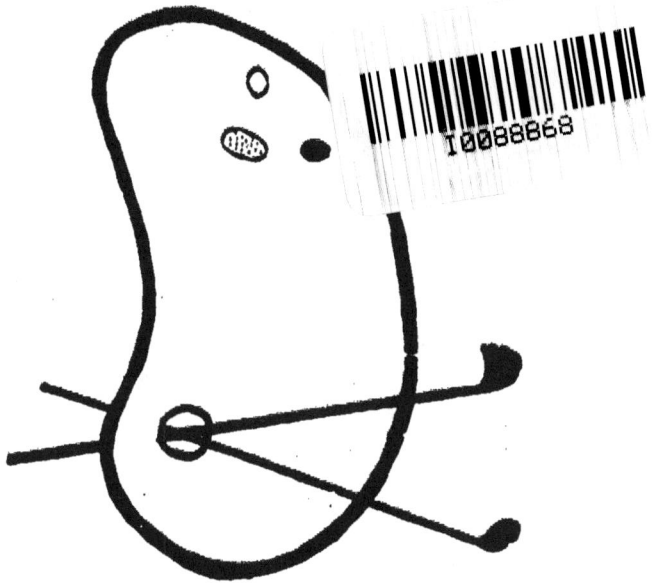

DEBUT D'UNE SERIE DE DOCUMENTS
EN COULEUR

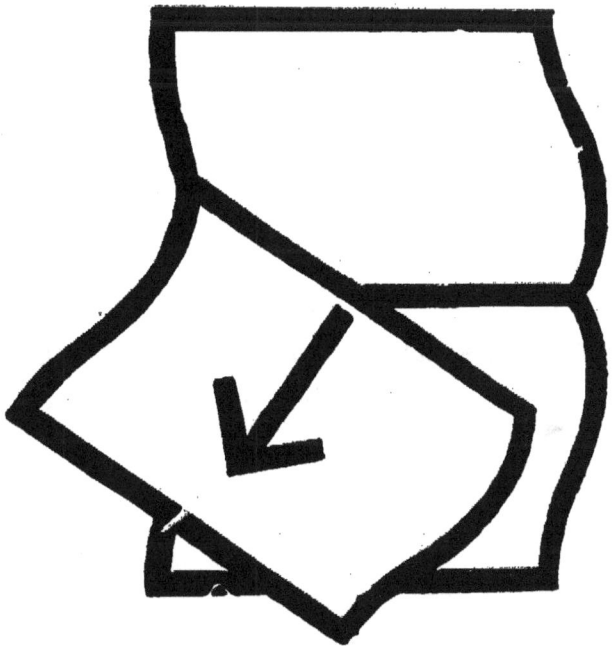

Couverture inférieure manquante

LOUIS HAMON

52

LÉGENDE - HISTOIRE

LES ABOYEUSES DE JOSSELIN

COMBAT DES TRENTE

DU GUESCLIN — MERLIN L'ENCHANTEUR

ARTHUR DE BRETAGNE

PARIS

TYPOGRAPHIE MORRIS PÈRE ET FILS

64, RUE AMELOT, 64

1891

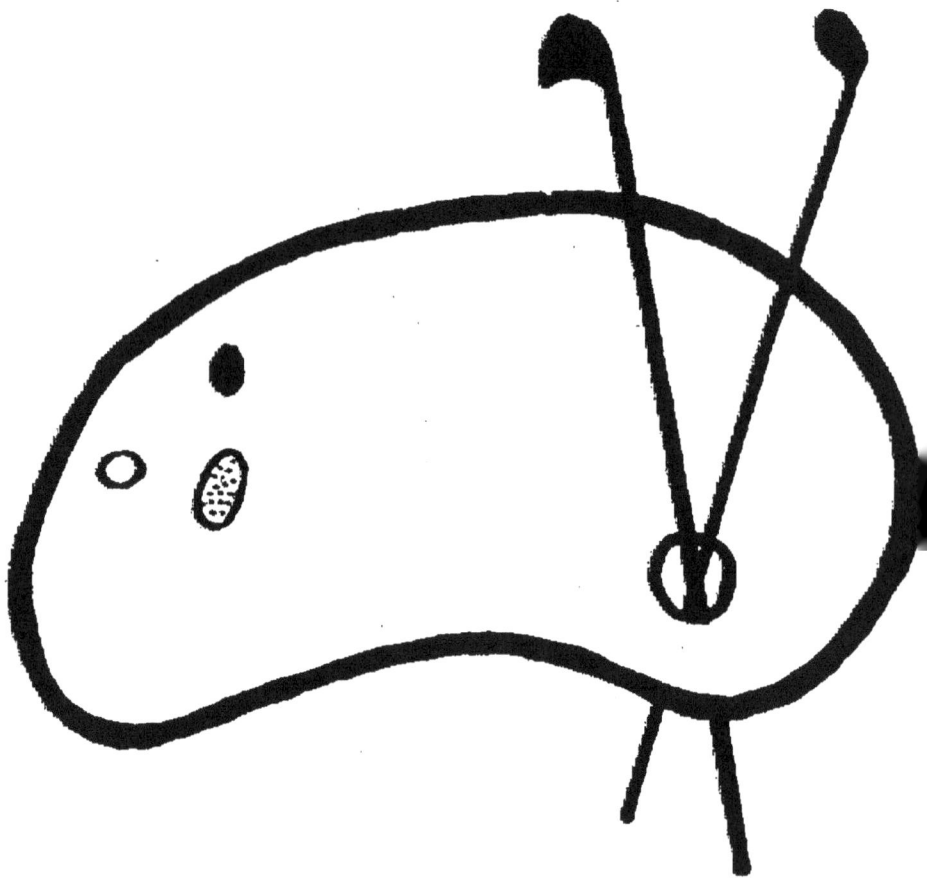

FIN D'UNE SERIE DE DOCUMENTS
EN COULEUR

LÉGENDE-HISTOIRE

LOUIS HAMON

LÉGENDE - HISTOIRE

LES ABOYEUSES DE JOSSELIN

COMBAT DES TRENTE

DU GUESCLIN — MERLIN L'ENCHANTEUR

ARTHUR DE BRETAGNE

PARIS

TYPOGRAPHIE MORRIS PÈRE ET FILS

64, RUE AMELOT, 64

1891

A la mémoire de mon Père, Avocat au barreau de Rennes, nommé Préfet d'Ille-et-Vilaine en 1848.

Au courageux Citoyen, à l'homme vertueux qui m'enseigna la haine de l'arbitraire, la fidélité au devoir, l'amour de la Patrie.

Louis HAMON

PRÉFACE

DE L'ÉDITION DE 1889

J'ai .dédié ce volume à la mémoire de mon père.
Dans mon idée il s'adresse aussi à la Bretagne, et
particulièrement à la ville de Rennes, où je suis
né et ai vécu vingt-cinq années, les plus heureuses
de ma vie.

J'aime cette cité aux rues larges, aux prome-
nades spacieuses; j'aime sa *place du Palais*, s'étendant majestueuse au pied de l'admirable monument
qui abrita, durant des siècles, les séances des États
généraux de Bretagne; son *Mail*, discrètement ombreux; son *Thabor*, — délicieuse oasis, — plein
d'accidents de terrain, de méandres, de mystérieux
retraits propices à la rêverie, à la méditation.

Cette promenade est vraiment ravissante avec ses

sinuosités, ses montées, ses pentes dont l'une est un véritable ravin, l'*Enfer*, comme on l'appelait de mon temps. En face de cet immense trou, planté d'arbres le long de ses rampes à pic, s'étalait le *Paradis*, autre bas-fond, beaucoup moins escarpé, plus étendu et que bordaient, d'un côté le mur du *Jardin des Plantes*, de l'autre une large et belle avenue menant à la *Palestine*. Bien nommé ce gracieux pli de terrain abrité de chênes séculaires; comparé à la sombre et froide excavation susdite, c'était véritablement un éden par la sérénité de son aspect et la tiédeur de sa température.

C'est là que venait, les jeudis et dimanches, jouer la musique du régiment d'artillerie caserné à Rennes; je parle de l'époque lointaine où j'étais enfant.

Les dames de la bourgeoisie accouraient en foule au *Thabor*, ces jours-là, plus pour faire admirer leurs jolies toilettes, leurs frais minois, que pour ouïr le son mélodieux des instruments. Le sexe masculin faisait de même et cet assemblage de gens élégamment vêtus, se promenant, s'entrecroisant sous la feuillée, dans le bruit harmonieux des cuivres, était charmant.

Du tertre élevé qui dominait cette promenade, un peu à droite de l'escalier y conduisant, il y avait un admirable point de vue. L'œil embrassait cinq lieues d'étendue; dans cette verdoyante immensité ondulaient au loin par delà les monuments, les clo-

chers et les villas, avec des alternatives d'ombre
et de lumière, les poétiques paysages de Pont-Réan,
Laillé, Bourg-des-Comptes, qu'arrose la Vilaine tor-
tueuse.

A l'entrée du *Thabor*, en venant par Saint-Melaine,
était une jolie pelouse encadrée d'allées ombreuses.
Au milieu s'élevait la statue de pierre de Bertrand
du Guesclin, le glorieux Breton. Je vois encore par
le souvenir sa tête largement énergique, ses épaules
trapues, son torse bombé, ses jambes noueuses bardées
de fer. Le héros se tenait debout, la main droite ap-
puyée sur sa longue épée, le regard assuré, la mine
altière; il nous en imposait à nous autres gamins.
Il nous paraissait colossalement grand.

Nous venions jouer à la *toupie* au pied de la
statue, qu'entourait une grille de fer. Bien souvent
l'instrument rotatoire, lancé d'une main inhabile,
allait frapper le preux au visage et tomber dans
l'intérieur de l'enclos. Il fallait, pour le ravoir, esca-
lader les piquets surmontés de pointes aigues, sauter
en bas et remonter, au risque de déchirer nos fonds
de culottes, ce qui arrivait fréquemment à la grande
fureur de nos mamans, qui étaient loin d'avoir l'ex-
trême tendresse de celles d'aujourd'hui.

Je parle au temps imparfait parce que depuis mon
séjour à Paris ces lieux charmants ont sans doute
changé d'aspect.

Il y avait aussi les *Lices* allongeant leur plane

surface du champ Jacquet à l'église Saint-Étienne.
Elle était bien qualifiée cette promenade, où se li-
vraient, au Moyen âge, les tournois, les joutes ou
autres passes d'armes. Combattants, héraults, seigneurs, nobles dames sortaient de l'enceinte fortifiée
par la *porte Mordelaise* dont on voyait encore, de
mon temps, d'imposants vestiges. Dans l'un des murs
était encastrée une inscription romaine en l'honneur
de l'empereur Gordien. C'est par cette porte que les
dignitaires de la Bretagne faisaient leur entrée solen-
nelle dans la ville.

Les *Lices* furent, en 1357, le théâtre d'un duel
fameux entre du Guesclin et Guillaume Bamborough,
un fils de celui de *Mi-Voie*. Bertrand venait de ravi-
tailler par un coup de main audacieux la ville, qu'assiégeait en personne le duc de Lancastre. L'Anglais
l'avait provoqué à rompre *trois fers de glaive, trois
fers de hache, trois fers de dague.*

Le combat eut lieu devant toute l'armée anglaise.
Du haut des murailles les défenseurs de la ville l'ob-
servaient, émus. Le Breton, après avoir percé l'écu et
la cotte de mailles de son adversaire, lui passa son épée
au travers du corps.

Je serais injuste envers l'un des plus jolis sites du
pays de Rennes si j'omettais de parler des bords sinueux de la rivière qui va des anciens *murs* au moulin de *Jouet.*

Il y a là quatre à cinq kilomètres d'eau courante,

discrète, limpide et pleine de mystère en ses capricieux contours. Sur l'une des rives s'étalent de riantes prairies semées, de loin en loin, de bouquets d'arbres au feuillage penché. L'autre consiste en une rampe en pente douce, servant de contrefort au côté gauche de la route ou faubourg menant de la caserne Kergus au village de Saint-Hellier.

Dans le flanc de ce coteau pittoresque est une série de propriétés rustiques étagées en amphithéâtre avec parcs, jardins, pelouses affectant toutes les formes, tous les aspects ; c'est une petite Suisse. En bas coule, pensif, le blond cours d'eau. Chacun des châtelains a sa barque amarrée à la rive.

Ami de plusieurs de ceux-ci, j'aimais à naviguer, le soir, sur la liquide surface qu'argentait de ses reflets la lune au front pâle. Point de bruit à cette heure ; rien que l'écho lointain des rumeurs mourantes de l'antique cité des *Redones* et le chant langoureux de l'oiseau regagnant son nid.

Je m'attarde, malgré moi, à cette évocation du passé, entraîné par le charme du souvenir, parce qu'il s'agit de ma ville natale dont je suis fier.

N'a-t-elle pas été le lieu de naissance d'une dizaine de grands hommes, marins, littérateurs, jurisconsultes, hommes de guerre ? Je note les principaux au fur et à mesure que mon souvenir se les rappelle :

TOURNEMINE, le savant directeur du *Journal de Trévoux*, l'habile contradicteur du grand Leibnitz ;

LOBINEAU, l'érudit bénédictin, auteur d'une très belle *Histoire de Bretagne* ;

LAMOTTE PIQUET, l'un des héros de la bataille d'Ouessant, le vainqueur de Fort-Royal, où il captura toute une escadre anglaise après s'être emparé de vingt-six vaisseaux de l'amiral Rodney ;

GINGUENÉ, ministre de l'Instruction publique sous la Convention, plénipotentiaire à Turin sous le Directoire, auteur de l'*Histoire littéraire de l'Italie* ;

DUVAL (Amaury), fondateur du *Mercure* et de la *Décade philosophique* ;

DUVAL (Alexandre), frère du précédent, qui fut marin, ingénieur, architecte et secrétaire aux Etats de Bretagne, allia la verve et l'esprit au bon sens, à l'observation et composa, en outre, de délicieux livrets d'opéras-comiques, notamment *Maison à Vendre*, mis en musique par Dalayrac, une vingtaine de pièces en vers et en prose, toutes charmantes ;

Le chanteur ELLEVIOU, qui brilla vingt ans à l'*Opéra-Comique*, faisant les beaux jours de Paris dans le *Calife de Bagdad, Adolphe et Clara*, les *Rendez-vous bourgeois, Joseph, Maison à Vendre*, etc.

Enfin, les jurisconsultes POULAIN DUPARC, TOULLIER et CARRÉ.

Le sujet de cet ouvrage est essentiellement breton. A vrai dire, il y en a plusieurs ; c'était fatal : l'un m'a amené nécessairement aux autres.

Après avoir décrit Josselin, berceau des *aboyeuses*,

pouvais-je ne pas rappeler le souvenir de *Mi-Voie*, la lande fameuse, située à six kilomètres de cette ville et où se livra le *Combat des Trente*?

Ce glorieux souvenir une fois évoqué, comment résister à la patriotique satisfaction d'expliquer l'origine de la rencontre, ses phases, ses résultats si avantageux aux intérêts bretons ?

Le combat des Trente m'a naturellement conduit à parler de la querelle sanglante de Charles de Blois et de Jean de Montfort, dont il n'est qu'un épisode, et j'ai trouvé là deux admirables figures de femmes, Jeanne de Penthièvre et Jeanne de Montfort, les épouses de ces farouches compétiteurs à la couronne ducale de Bretagne, véritables héroïnes aussi illustres qu'eux par l'intelligence, le courage, le mépris de la mort.

Décrivant le charme de la forêt de Paimpont, qui fut celle de Brocéliande, célèbre par les amours malheureuses de la fée Viviane et de l'enchanteur Merlin, j'ai dû arrêter l'attention du lecteur sur ce singulier personnage, dont la légende a absolument dénaturé le caractère ainsi que le rôle.

Il fut, au demeurant, un profond philosophe, un érudit et l'ami, le conseiller de plusieurs rois d'Angleterre.

Quant aux aboyeuses, ces pauvres énervées, tout ce que j'ai dit à leur sujet est rigoureusement exact : leur situation de réprouvées, de maudites, au sein d'une population religieusement crédule; le respect des habi-

tants de Josselin pour la *Légende*, qui les fît telles;
la recherche impitoyable à laquelle se livrent les
paysans, pour les aller prendre à domicile et leur
faire embrasser, dans l'église, la relique dont le contact
doit les guérir, enfin la résistance impuissante de ces
malheureuses; tout cela a été pris sur le vif.

Une question était intéressante, celle de savoir si,
actuellement, en l'an de grâce mil huit cent quatre-
vingt-neuf, il s'en trouve encore et si les choses se
passent de la manière que j'ai indiquée, car l'époque
où j'ai vu les aboyeuses est déjà lointaine ; c'était
en 1854.

Le meilleur moyen, pour la résoudre, était de consulter quelqu'un habitant le pays; c'est ce que j'ai fait.
Une personne, qui réside depuis longtemps à Josselin,
et se trouve en situation de savoir la vérité m'a envoyé
les précieux renseignements que voici :

Il y a encore des aboyeuses, mais leur nombre est
devenu rare. On attribue cela à l'extinction ou à la
dispersion des familles atteintes de ce mal terrible,
considéré comme héréditaire.

Il est permis aussi de supposer que l'autorité
préfectorale a fini par intervenir en faveur de ces
malheureuses et défendre d'user de contrainte à leur
égard.

Peut-être enfin, grâce à l'adoucissement progressif
des mœurs, les citoyens se sont-ils soulevés, un jour,
contre ce révoltant abus de la force, interdisant aux

gars chargés de la conduite des aboyeuses à l'église la continuation de leur tyrannique mandat.

Il faut croire cependant, si cela est vrai, que ni du côté de l'autorité, ni de celui du public, cette intervention n'a été bien énergique, car on voit encore de ces femmes traînées, le jour de la Pentecôte, à l'église de Josselin; mais, je le répète, il n'y en a pas toutes les années et elles sont peu nombreuses. A l'époque de mon voyage, au contraire, on les amenait par douzaines et pendant les deux jours de fête, du matin au soir, la sauvage conduite ne discontinuait pas.

Aujourd'hui, comme jadis, on amène les aboyeuses à l'église pour leur faire baiser la relique de la Sainte, patronne de la ville.

Comme autrefois, cela a lieu chaque année aux fêtes de la Pentecôte. Les pratiques que je vais décrire n'ont pas changé.

En 1868, le 8 septembre, une grande cérémonie fut célébrée à Josselin, le couronnement de la statue érigée en l'honneur de la *Dame du Roncier*. Depuis cette époque, un pèlerinage a lieu tous les ans, le jour anniversaire de cette solennité.

Louis HAMON

Paris, 6 Août 1889.

INTRODUCTION

Habent sua fata libelli, — les livres, aussi, ont leur destinée. — Celle du mien était d'être remanié.

La première version, parue une année avant le volume dont on vient de lire la préface, fut une brochure d'une vingtaine de pages.

Comme le livre, elle relatait le drame des *Aboyeuses* ainsi que la Légende, fable touchante qui explique son origine, son caractère cruel et lui donne une tragique grandeur. Le restant du texte était consacré à la description des environs de Josselin et aux principaux souvenirs qui s'y rattachent, car il est impossible au lettré de séparer les uns des autres.

Tel site, illustré jadis par un combat ou tout autre événement glorieux, fait songer à celui-ci, lequel évoque fatalement le souvenir des personnages fameux qui y

ont pris part et cette double évocation du passé grandit
ce coin de terre ou de pays, qui acquiert ainsi aux
yeux du visiteur un charme particulier.

Prenons, par exemple, le *Combat des Trente*. Il est
certain que la vue du champ solitaire où il se livra impressionne vivement. C'est que, par l'imagination, le
voyageur se reporte au jour où eut lieu ce choc sanglant ; il lui semble voir les soixante guerriers se ruer
les uns contre les autres, acharnés à la lutte, suant,
soufflant sous leurs armures bosselées de coups ; il lui
semble entendre le sol trembler sous leurs pas, l'air
retentir de leurs cris de fureur ; l'herbe, les buissons,
les arbres même lui paraissent s'animer d'un frisson
craintif.

La relation de ce combat, qui s'accomplit entre
Ploërmel et Josselin, figure donc dans la brochure
ainsi qu'un exposé sommaire du rôle de l'enchanteur
Merlin, l'amant malheureux de la fée Viviane, en
compagnie de qui la légende affirme qu'il fréquenta la
forêt de Brocéliande, actuellement de Paimpont, voi-
sine de Josselin.

Mais, une fois l'opuscule imprimé, l'auteur se dit
qu'il n'avait écrit qu'une œuvre incomplète ; qu'il
n'avait fait qu'ébaucher son sujet. Effectivement, parlant de Josselin, il n'avait dit mot de Jeanne de Penthièvre ni de Jeanne de Montfort, ces deux héroïnes
qui, à la tête d'illustres chevaliers, avaient guerroyé
sans trêve pendant la longue rivalité de leurs époux

dans les environs de ces deux villes. Et pourtant, quel
thème intéressant que la guerre de ces deux ennemies,
véritables hommes par le courage, l'intelligence et le
mépris de la mort !

Merlin, lui, n'avait eu l'honneur que de quelques
lignes; or à lui seul il fut un monde. Pendant neuf
cents ans sa pensée domina les peuples de la Grande-
Bretagne, de la Gaule, de l'Espagne, de l'Italie. Il fut
des plus grands, des plus illustres par son patriotisme
et ses malheurs.

Voilà pourquoi celui qui écrit ces lignes fondit le
texte de la brochure dans un volume d'une centaine de
pages, où sont réparées les omissions susdites et qui
renferme d'intéressants renseignements sur le vieux
château de Josselin, sur son origine, son glorieux
passé, de pittoresques détails sur la forêt magique de
Brocéliande.

Mais voyez la mobilité, l'inconstance des idées et
des résolutions humaines ! Le livre à peine paru,
j'en éprouvai du mécontentement, de la déception. Il
me parut incomplet, lui aussi.

C'est que le champ de nos observations s'élargit
à mesure qu'on le fouille et l'écrivain n'est jamais
plus près de trouver son œuvre médiocre que lorsqu'elle a déjà acquis une maturité, un développement
suffisants pour la faire remarquer. De même le domaine des connaissances humaines s'étend à mesure
qu'on le parcourt et nous ne commençons à savoir

réellement que le jour où nous nous apercevons qu'il nous reste à apprendre beaucoup.

En ce qui me concerne la vérité c'est que la seconde version des *Aboyeuses* était véritablement incomplète comme la première. J'avais négligé de parler de Bertrand du Guesclin, contemporain de la guerre de Blois et de Montfort, acteur, même, et le plus important dans ce drame qui se déroula pendant vingt-quatre années aux portes de Josselin, à Ploërmel, Vannes, Hennebont, Auray, etc., le type de la bravoure et de l'honneur guerrier, en un mot le plus grand capitaine de son siècle.

Une autre omission déparait le volume, à savoir l'oubli de l'infortuné Arthur de Bretagne, neveu de Jean sans Terre, roi d'Angleterre, assassiné par lui nuitamment au pied du château de Rouen. Il appartenait cependant bien au sujet que je me suis choisi, ce prince jeune, courageux, né en 1186, de Constance, héritière du duché de Bretagne, qui avait été armé chevalier par le roi de France Philippe Auguste en personne et proclamé par lui duc de Bretagne, d'Anjou, de Poitou, lui enfin dont les prophéties de Merlin avaient annoncé bruyamment la venue, ce qui ne contribua pas pour peu à sa perte. On sait qu'envoyé, à dix-sept ans à peine, par le roi de France en Poitou pour y faire ses premières armes contre les Anglais il fut capturé traîtreusement pendant son sommeil à Mirbeau, qu'il défendait contre son oncle Jean, et livré à celui-ci.

Enfin j'estimais que les pages consacrées à Merlin étaient insuffisantes; qu'elles ne faisaient point assez distinctement la part de l'Histoire et de la Légende, car si le barde breton a rempli un rôle historique indiscutable, aidant de ses sages conseils le fameux roi Arthur et ses prédécesseurs, enflammant par sa parole ses concitoyens contre l'Anglo-Saxon, l'ennemi séculaire, les encourageant sans trêve à ne pas désespérer du relèvement de la patrie celtique, il fut aussi démesurément grandi par la Fable.

Une question, en outre, et bien intéressante n'avait pas été abordée dans le livre; la voici : ce qu'on a appelé ses prophéties méritent-elles bien ce nom ou n'ont-elles été que les espérances invariables, transmises d'âge en âge, d'une race d'hommes attendant sans défaillance le retour de son prestige disparu? Dans cette dernière hypothèse, qui est-ce qui les a encouragées et leur a donné pour objectif tel ou tel personnage, tel ou tel événement?

Au contraire, si ce sont des prédictions, faut-il les attribuer à Merlin ou aux bardes ses successeurs, intéressés, pour leur donner une plus grande autorité, à les placer sous l'égide de son nom vénéré? On sait qu'elles ont annoncé tous les faits historiques remarquables survenus de l'an 500 au xve siècle, depuis la conquête de l'Angleterre par Guillaume *le Bâtard*, duc de Normandie, jusqu'à la venue de Jeanne d'Arc.

Enfin, si elles sont l'œuvre des bardes, à quel mobile ont-ils obéi ? Quel a été leur mode d'action ?

J'ose penser que le présent volume comble les lacunes et résout les points sus indiqués d'une façon satisfaisante. Je souhaite qu'il plaise au public; je m'estimerai heureux si j'ai réalisé ce but.

Un dernier mot.

Le livre qui a précédé celui-ci et la brochure qui en fut l'embryon ont pour titre les *Aboyeuses de Josselin*.

Le développement donné à l'œuvre nouvelle m'a fait changer cet intitulé. Par cet agrandissement, en effet, l'aventure de ces malheureuses et tout ce qui s'y rapporte se sont trouvés n'être plus qu'une faible partie, un simple épisode de l'ouvrage transformé, de sorte qu'il n'y aurait plus de concordance entre le titre et le sujet.

J'ai donc appelé ce volume *Légende - Histoire*, désignation bien justifiée, ce me semble, par l'émouvant mélange de fable et de vérité dont il se compose. Les *Aboyeuses* forment le premier chapitre.

Louis HAMON

Février 1891.

LES

ABOYEUSES DE JOSSELIN

Josselin est un chef-lieu de canton du Morbihan,
à douze kilomètres de Ploërmel célèbre par le
Pardon de Meyerbeer. Celui de la localité est un
mythe. Il n'y en a pas, du moins dans l'acception
bretonne du mot, qui signifie assemblée, fête régio-
nale et correspond à ceux de kermesse, ducasse
usités dans le Nord.

La ville de Josselin a été célèbre au Moyen âge
à l'époque de la longue rivalité de Charles de Blois
et de Jean de Montfort et elle a défendu glorieu-
sement l'honneur national dans cent combats livrés
aux soldats d'Angleterre qui l'assiégeaient.

2

C'est de là que partirent les chevaliers bretons,
allant se mesurer avec leurs adversaires du camp
anglais dans ce duel à mort connu sous le nom
de *Combat des Trente*. La lande où eut lieu la sanglante mêlée est à mi-chemin de cette ville et de
Ploërmel, occupée alors par les Anglais, d'où le
nom de *Mi-Voie* donné à cet endroit. J'en parlerai
plus longuement tout à l'heure ainsi que de quelques autres sites pittoresques de ce charmant
pays.

On désigne par le nom d'*aboyeuses* des femmes,
des malheureuses qui, sous l'empire d'une certaine agitation nerveuse, jettent de petits cris rau-
ques assez semblables aux grognements du chien.
Peu à peu la voix s'éclaircit et s'épand en appels
sonores, précipités, aigus comme les notes du clai-
ron; cela devient un véritable aboiement dont le
timbre s'élève par degrés avec la progression de la
crise.

Après la période de paroxysme l'intonation
baisse et s'exhale en une sorte de hurlement plain-
tif qui rappelle celui du chien en détresse; ainsi
la créature humaine a, comme la bête, dans le
gosier, la gamme complète : elle grogne, aboie,
hurle. Malgré la ressemblance on pense bien qu'il

n'y a pas similitude ; son aboiement diffère essentiellement de l'autre par l'accent, moins pur, j'al-
lais dire moins vrai, et qui reste quand même un
cri humain. Tel qu'il est, néanmoins, il suffit pour
justifier le nom qu'on donne à ces misérables
femmes.

Toutes celles que j'ai vues étaient d'un âge mûr.
Les aboyeuses ne se montrent qu'à Josselin et aux
fêtes de la Pentecôte. On ne voit pas d'hommes
atteints de leur mal.

J'expliquerai cette singularité.

Ce jour-là, il se passe la chose du monde la plus
extraordinaire qu'on puisse imaginer. C'est un
spectacle unique qui impressionne vivement. On
amène les aboyeuses à l'église et, de gré ou de force,
on leur fait baiser un reliquaire placé dans l'un des
bas-côtés, près du maître-autel. C'est une croyance
ancienne dans le pays que, par le secours de cette
pratique, elles sont guéries du mal terrible qui les
possède.

Leurs conducteurs, des *gars*, jeunes, vigoureux,
ont peine à accomplir cette tâche. La patiente résiste, se fait traîner. Rendue furieuse par la contrainte, elle cherche à frapper, à mordre. C'est une
lutte acharnée où elle succombe inévitablement,

bien qu'ils n'aient jamais recours aux voies de fait. C'est même un étonnant spectacle que ce contraste offert par l'exaspération de l'une et le calme imperturbable des autres.

LE DRAME

Je devrais dire le martyre. C'est la Pentecôte ;
la nature est en fête ; elle a changé sa sombre et
triste parure de l'hiver pour ses gracieux atours
du printemps. Les champs verdoient ; dans les frais
sentiers s'épand le parfum des violettes et de l'aubépine en fleurs. Les arbres agitent gaiement leur
feuillage naissant. Les cloches de la vieille église,
oubliant leur âge, tintent joyeuses. Il est six heures
du matin. Les fidèles accourent en foule à la première messe. Tout à coup l'air retentit de cris de
détresse. C'est une aboyeuse qu'on amène. Tenue
par deux gars à la longue chevelure, aux larges
braies, elle lutte avec énergie sur le chemin pou-

dreux. Son visage est mouillé de sueur, sa voix grogne sourdement. Le trajet pour arriver jusqu'à la relique est long. Elle en profite et redouble d'efforts. Poussée brutalement, elle tombe sur le sol ; ils la relèvent et le calvaire recommence. Exaspérée par la souffrance, elle bave et jette ces appels désespérés qualifiés d'aboiements. Ses guides restent impassibles, mais ne lâchent pas leur proie. Ils se cramponnent à la malheureuse dont les vêtements sont tout déchirés. L'église est proche. D'un élan suprême ils l'entraînent jusqu'au seuil du parvis.

Là se livre un dernier combat. Il faut gravir les hautes marches de granit. Le corps rejeté en arrière, suspendue dans le vide, elle défie encore ses bourreaux, qui ont grand'peine à la retenir et à empêcher qu'elle ne tombe, les attirant dans sa chute. La victoire leur reste. Domptée, anéantie, livide, elle s'affaisse. Sa face est souillée de poussière, de ses yeux éteints coulent de grosses larmes. Elle fait pitié. Jetée contre le reliquaire, elle l'embrasse, inconsciente, hurlant d'une manière faiblement plaintive et sa voix, brisée par la lutte, expire en un dernier hoquet. La voilà calmée.

De fait, elle cesse d'aboyer. Épuisée par la crise

Aboyeuses amenées à l'église

elle n'a plus la force de se tenir debout. On l'assied
sur une chaise. Dans cette position elle est curieuse
à observer : nulle conscience de son être ; allongée
plutôt qu'assise, ses bras pendent inertes perpendi-
culairement au corps, immobile. Son visage, d'une
pâleur mortelle, est inondé de sueur ; ses yeux se
ferment sous l'empire d'une force irrésistible, sa
bouche, demi-close, laisse échapper des hoquets
intermittents. On dirait qu'elle dort, soumise à un
rêve.

Saisissant est le contraste de sa figure calme et
de ses vêtements en désordre. Dans sa lutte avec
les paysans sa coiffe de tulle s'est défaite ; le châle
de couleur crue, qui abritait sa poitrine, croisé par
devant, s'est dénoué laissant voir sa chemise sous
laquelle s'agite le sein avec une palpitation sac-
cadée.

Cela se passe pendant la messe, qui n'est nullement interrompue malgré ce désordre. Les assistants continuent de prier et elle s'achève dans un
recueillement absolu. Celle-là finie, une autre recommence et ainsi de suite.

Peu importe que l'aboyeuse gêne la circulation
des fidèles cherchant à gagner leurs sièges ou sor-
tant en foule de l'église. Nul n'y fait attention. On

s'écarte avec soin du passage qu'elle encombre, calme, indifférent et c'est là ce qui constitue la singularité de cet émouvant spectacle. Seuls les gars qui l'ont amenée l'observent. Lorsqu'ils supposent qu'elle a pris suffisamment de repos ils la conduisent hors de l'église.

Avant de la quitter disons que l'autel où est placé le reliquaire se trouve au fond du bas-côté gauche. Un autre lui fait pendant à droite; au milieu est celui où se célèbrent les principaux offices. Richement orné, il a un air imposant. Le reliquaire a la forme d'un coffre de petite dimension ; il est carré, chacune de ses faces est close par une vitre.

A un demi-kilomètre de l'église se trouve une fontaine placée sous l'invocation de la *Dame du Roncier*. C'est là qu'est amenée l'aboyeuse. L'air extérieur l'a ranimée ; elle marche docilement, mais avec inertie. On lui fait boire de l'eau de source puisée dans une écuelle de bois. Alors seulement elle est libre. Elle se sauve, honteuse.

Au cours du voyage de ces femmes à l'église et ensuite à la fontaine quelle est l'attitude des gens du pays? Indifférente comme celle des fidèles pendant la messe. Ils s'écartent doucement de son chemin, sans manifester de surprise ni d'émotion et finissent tranquillement leur course ou leur promenade. Malheur à l'imprudent qui aurait l'idée de porter secours à l'aboyeuse : saisi par vingt mains robustes il serait vite terrassé, foulé aux pieds.

Pendant la libation à la fontaine de nouvelles aboyeuses sont menées à l'église par de nouveaux paysans et la scène que j'ai décrite se renouvelle à chaque conduite. Ce spectacle attire à Josselin beaucoup d'étrangers. J'en ai été témoin. Il impressionne vivement et d'une manière d'autant plus forte que le paysage servant de cadre à ce dramatique tableau a une poésie à la fois sauvage et tendre bien en rapport avec le sujet. En Bretagne, mais plus particulièrement à Josselin et aux environs, sentiers, arbres, plantes ont un aspect recueilli et comme mystique qu'on ne retrouve nulle part. Les cours d'eau même, dans leur épanchement silencieux, offrent ce caractère, conforme, d'ailleurs, au naturel des habitants. Dans leur joie ceux-ci ne sont jamais absolument gais et leur tristesse a une douceur, une résignation qui donnent à son expansion une pénétration particulière.

Cela vient de ce que l'homme de race celtique

ne s'isole jamais de l'humanité. Lettré ou non, qu'il médite, converse ou chante, il songe toujours à son *prochain*. Il se dit que s'il y a des gens qui jouissent, il y en a d'autres qui souffrent et cette pensée qui l'obsède constamment, qui fait le fond, l'essence même de son caractère, donne à sa causerie et à ses chants cette allure mélancolique qui a tant d'attrait.

La fontaine du Roncier mérite quelque attention. C'est une grotte étroite et haute, adossée à un petit monticule. Tout est rustique, le lieu et le sanctuaire.

Au milieu de la cavité, sur une colonne grossière, est la statuette de la sainte. Le sommet de cette grotte a la forme d'un cintre ; il est recouvert de plantes incultes, de lianes, de ronces retombant en gerbes attristées le long des parois. Au devant est un bassin de pierre. L'eau y coule lente, claire avec une teinte blonde. Sur le rebord circulaire de la margelle sont des écuelles remplies en prévision de la visite des aboyeuses. Une vieille femme garde ce lieu désert situé au croisement de deux sentiers étroits. La colline qui surmonte la grotte est plantée de pins.

Cette solitude ne manque pas d'un certain

charme. Son aspect fait rêver ; c'est l'effet que produit assez généralement la vue des sites de la Bretagne. Même lorsqu'ils flattent l'œil, qu'ils sont riants et gais, ils ont un cachet de mélancolie qui attendrit l'âme et y répand la rêverie. Aussi la mémoire en conserve-t-elle longtemps le souvenir. C'est ce caractère, particulier aux paysages de l'Armorique, qui séduit les poètes, les artistes et fait que la plupart d'entre eux ont une préférence marquée pour cette partie de la France.

Tel n'est pas celui de la grasse et plantureuse Touraine, étalant sans pudeur, avec un orgueil d'elle-même justifié, ses luxuriantes beautés, collines ombreuses superposées, fleuves sinueux, vallons fleuris. Assurément tout cela est pittoresque, plein de poésie, mais ne vaut pas pour les âmes sentimentales les contrastes heurtés, imprévus qu'offre à chaque pas la nature à la fois tendre et sauvage des sites bretons.

Faut-il un parallèle? La Touraine peut être comparée à une jolie femme éprise d'elle-même et fière de sa beauté. Orgueilleuse de ses somptueux atours, elle les montre complaisamment pour qu'on les admire; voluptueuse, elle se plaît à inspirer la volupté. Dans cette nature uniformément gracieuse

nul obstacle à la vue ou aux pas du voyageur.
L'harmonie, tel est son suprême cachet, harmonie
d'horizons, de teintes, de niveaux, d'atmosphère
et l'éclat de sa merveilleuse parure est encore
rehaussé par la complicité de son ciel toujours
obstinément pur.

A tant de charmes s'en ajoute un dernier :
l'abondance de ses cours d'eau. La Touraine en
compte quatre principaux dont un fleuve : la Loire,
le Cher, la Vienne et l'Indre, qu'embellissent les
admirables châteaux accumulés sur leurs rives.

Bien différente est la rude Armorique. Nature
pudique avec une pointe de malicieuse coquetterie,
elle dispute pied à pied ses charmes aux touristes
et ne s'abandonne finalement qu'à ceux qui ont
su mériter cette faveur par une longue et patiente
exploration.

Comme pour exciter leur zèle, elle met en œuvre toutes les ressources que lui fournissent les
inégalités de son sol et les contrastes de son originale constitution, accumulant à plaisir sur leur
route les obstacles de toutes sortes : côtes à pic
démesurément longues, champs palissadés de terre
et d'arbres, véritables camps retranchés qu'il faut
emporter d'assaut, sentiers tortueux obstrués de

branches entrelacées, ravins pierreux, montagnes abruptes, en un mot mille empêchements qui font qu'on arrive rarement sans peine au site cherché.

Mais aussi combien est grand le dédommagement offert au visiteur qui a eu la patiente ténacité de les surmonter. A l'extrémité d'une lande inculte ou d'une falaise escarpée apparaît tout à coup à ses regards, sans transition, comme dans un changement de décors, une autre nature, riante et poétique : ici, au fond d'un val abrité de saules, un lac dormant enfoui sous les hautes herbes ; là, un limpide cours d'eau offrant sur ses bords l'opposition de deux genres absolument contraires : à droite, une muraille de rochers surmontés de pins altiers ; à gauche, des prés fleuris, des collines boisées étagées en amphithéâtre et se perdant dans les nuages ; plus loin, une pittoresque éminence qui semble terminer l'horizon et tout au contraire cache un nouveau paysage assis dans un pli de terrain, en contrebas, avec un lointain fouillis de maisonnettes, de clochers ensevelis dans l'ombre ou noyés de lumière.

Voilà la Bretagne !

Revenons à nos aboyeuses :

Mais, dira-t-on, ces femmes, qui se refusent à

suivre leurs guides, les bousculent, écument et
mordent, ressemblent singulièrement à de vul-
gaires épileptiques. Il me paraît, en effet, que telle
est la nature de leur maladie, seulement la surex-
citation nerveuse affecte plus spécialement les
muscles du gosier. En fait, la crise montre absolument le caractère des affections épileptiformes.
Faible au début, elle augmente progressivement
par la contrainte exercée sur l'hystérique et décroît
insensiblement avec ses forces.

Chose curieuse, pendant les deux jours que j'ai
passés à Josselin, en pleines fêtes de la Pentecôte,
assidu aux abords de la vieille église, de façon à
ne pas perdre un détail du spectacle offert par la
conduite des aboyeuses, je n'en ai pas vu une seule
qui parût jeune et jolie. Toutes annonçaient un âge
au niveau de la quarantaine. Vêtues en paysannes
elles avaient l'allure pesante, les traits abattus,
presque flétris. Quelques-unes avaient des rides.

Il ne serait pas impossible que la maladie nerveuse dont elles souffraient eût produit dans leur
attitude et sur leur visage cette vieillesse anticipée.
Cette transformation n'avait pas dû se faire tout
d'un coup, mais progressivement, s'accentuant
avec le mal.

On sait quels ravages opère l'épilepsie sur l'organisme. Elle creuse les yeux, plisse le front, déprime la bouche, sèche la peau, blanchit, raidit les cheveux, et ce travail de destruction est lent comme l'eau à user le granit.

J'ai entendu des étrangers, spectateurs de la venue d'aboyeuses à l'église, émettre l'idée qu'il pouvait bien y avoir tant chez ces femmes que chez leurs conducteurs une certaine dose de supercherie; que les unes et les autres s'entendaient pour tromper le public. C'est qu'ils n'avaient pas suivi, comme il l'aurait fallu et comme je l'ai fait avec mes compagnons de route, le calvaire des énervées dans toutes ses phases, depuis le départ du foyer domestique jusqu'au voyage à la fontaine du Roncier; autrement ils n'auraient pas eu cette pensée. Je suis d'une opinion toute contraire.

Non, il n'y a pas de supercherie dans cette scène longuement tragique que j'ai narrée. La lassitude des aboyeuses, leurs membres raidis, leurs visages crispés, leur rebellion et la prostration qui la suit ne sont pas de vains simulacres. C'est une poignante réalité.

La sincérité des gars qui accompagnent ces malheureuses dans leur douloureux *chemin de*

3

croix me paraît aussi évidente. Encore une fois il suffit de les voir. Ils ont bien la patiente attitude et le visage sévère d'hommes accomplissant sans passion, sans colère ce qu'ils considèrent comme un devoir. Là réside précisément l'intérêt de cet étonnant spectacle.

J'ai dit qu'une vieille croyance attribue au baiser de l'aboyeuse sur le reliquaire le don de la guérir. Le lecteur soupçonne, j'en suis sûr, qu'il y a une légende. Eh! oui, point de vraie Bretagne sans cela. La voici. Elle servira à éclairer certains points du récit, obscurs pour qui ne la connaît pas.

LA LÉGENDE

Un jour, quand les chênes qui ont servi à construire les plus grands vaisseaux de Lorient n'étaient pas encore des glands, des femmes, des environs de Josselin, lavaient à un douez (sorte de mare) au bord d'un chemin. Une mendiante, courbée par l'âge, leur demanda l'aumône. Loin de l'accueillir elles la chassèrent en l'outrageant. La pauvresse insista. Furieuses, elles lancèrent un énorme chien qui les gardait. Tout à coup l'étrangère se transfigura ; ses haillons se changèrent en vêtements étincelants de pierreries ; les rides de son visage s'effacèrent et, leur montrant une figure resplendissante de gloire et de beauté, elle dit :

« Femmes inhumaines, je suis la Vierge Marie.
Vous êtes sans pitié pour l'infortune. Je vous
condamne vous et votre postérité à aboyer
comme ce chien que vous avez lancé contre moi. »
Et elle disparut dans un nuage. Une autre légende
rapporte que, prenant en pitié leur désespoir, elle
permit qu'à la Pentecôte ces malheureuses pour-
raient obtenir la rémission de la peine, à condition
d'aller en pèlerinage à l'église de Josselin. Cette
faveur devait s'étendre à leur descendance fémi-
nine, mais après une année d'expiation.

Ainsi, d'après la tradition, les aboyeuses seraient les rejetons de cette race maudite.

Le temps des légendes est loin. Notre siècle réa-
liste goûte peu les fictions. Je suis d'avis de ne pas
en médire. Quand elles ne serviraient qu'à char-
mer nos loisirs, calmer nos ennuis, elles auraient
du bon. N'oublions pas qu'elles ont bercé notre
enfance. Et puis ces contes, souvent, sont de l'histoire, embellie voilà tout; tels ceux du paladin
Roland, mort à Roncevaux, du roi Arthur ou Artus
et de son fidèle conseiller l'enchanteur Merlin.
D'autres, sous la forme de spirituelles allégories,
d'ingénieuses paraboles, contiennent de hauts en-
seignements, d'admirables moralités, par exemple

les légendes des Lavandières de nuit, de Gralon, roi d'Is et de son horrible fille. Celle des Aboyeuses enseigne le culte de la vieillesse, le respect du malheur.

Elle s'est conservée comme un tendre souvenir chez les campagnards des environs de Josselin. L'homme a l'amour inné du merveilleux, du surnaturel, et ce penchant grandit dans la solitude. Or, tel est le genre d'existence des paysans du Morbihan, que leur humeur mélancolique, taciturne, éloigne instinctivement du commerce des autres hommes.

La légende facilitera au lecteur la compréhension du drame des Aboyeuses. D'abord, elle explique l'impassibilité des gars en présence de leurs révoltes et aussi l'indifférence du public.

Les uns ont la conviction d'accomplir une œuvre pieuse, car à leurs yeux ce sont des possédées. Il s'agit de chasser de leur corps le démon qui l'agite, aussi quel calme ils montrent! Elles ont beau se débattre, se tordre, ils ne bronchent pas. Leur visage ne trahit aucune émotion ni colère; ils sont inflexibles comme le devoir : tel le chirurgien au chevet du patient qu'il opère.

Quant au public, outre le respect de la tradition, il y a chez lui l'habitude : familiarisé avec ce spectacle, il ne s'en émeut pas et finit par n'y prêter aucune attention.

L'indifférence des fidèles à l'église s'explique par les mêmes raisons. Cette scène de l'épileptique qui crie, bouscule les assistants, renverse les chaises, ils l'ont vue vingt fois et n'en sont pas étonnés. N'importe ! pour l'étranger elle est saisissante. Il sort, se demandant s'il n'a pas rêvé.

L'absence de ce spectacle, les autres jours que celui de la Pentecôte, provient aussi des causes susindiquées. Ce n'est pas l'époque fixée pour la guérison. Inopportune, l'épreuve à laquelle on soumettrait ces femmes n'aurait pas d'efficacité. Il est présumable qu'en temps ordinaire elles vivent confondues dans la foule, vaquant en paix aux travaux des champs ou aux soins du ménage. Vienne la crise, elles s'enferment et l'endurent en silence, convaincues qu'on ne viendra exercer sur leur personne aucune contrainte.

J'ai dit qu'elles sont de la campagne. Où va-t-on les chercher ? Dans leur domicile, sans doute, connu ainsi que leur infirmité ; dans nos campagnes il y a entre les habitants une communauté intime d'habitudes, de sentiments, d'intérêts. Chacun d'eux connaît les affaires de son voisin, et puis il y a la légende, qui fait d'elles des créatures marquées du sceau de la fatalité dont il faut que l'inexorable loi s'accomplisse.

Encore une fois, c'est une croyance générale que la guérison de ces femmes n'est possible qu'à la Pentecôte. Pour cette raison elles sont l'objet continuel de l'attention publique ; il est même probable qu'elles sont surveillées étroitement par les paysans, qui croiraient manquer au plus impérieux des devoirs en ne les soumettant pas, en temps propice, à la fatale épreuve et qu'aux approches de l'époque indiquée ils redoublent de vigilance, de façon à être prêts quand l'heure du sacrifice aura sonné.

Terrible doit être pour l'aboyeuse l'instant où ils lui apparaissent, calmes dans leur mâle beauté, inflexibles dans leur brutale résolution. Hauts de taille, robustes, silencieux, ils sont bien les dignes instruments du Destin. Leur costume imposant, leur longue chevelure tombant majestueusement sur l'épaule augmentent encore l'impression de la victime. Il y a là un émouvant sujet de composition picturale.

J'incline à croire que la malheureuse n'est pas

surprise par la venue de ses bourreaux, qu'elle
l'attend même anxieuse : consciente de son mal,
elle connaît la légende... et la coutume. Comme les
gars, elle a compté les jours ; elle sait que celui de
l'expiation est venu, elle est prête, mais quel trouble
dans son être ! On peut facilement s'en faire une
idée d'après le genre de sa maladie.

C'est d'abord une préoccupation désagréable qui
agite son système nerveux. L'appréhension d'être
violentée vient ensuite et aggrave l'état fébrile, de
sorte qu'à l'arrivée des paysans la crise hystérique
éclate. Malmenée, l'aboyeuse résiste ; c'est ce qu'ils
appellent sa rébellion. A partir de ce moment le
drame commence et il s'accomplit, on l'a vu, avec
une logique implacable.

A propos de cette pratique révoltante qui permet à des hommes sans mandat de pénétrer par
force dans un domicile privé, de violer le sanctuaire
de la famille et d'en arracher de pauvres créatures
innocentes, on se demande tout naturellement
quelle est l'attitude des parents de la malade, de
l'époux, du frère, et l'on suppose que ni les uns
ni les autres n'acceptent cette intrusion sans mot
dire, qu'ils protestent, cherchent à l'empêcher, enfin
qu'ils défendent par tous les moyens celle qui leur

est chère. Eh bien ! non. Cette révolte n'a pas lieu ; ils la laissent emmener sans récrimination.

Pour vous en convaincre, voyez-la : sur la route poudreuse elle est seule se débattant contre ses bourreaux, qui la traînent au supplice en dépit de ses révoltes et de ses larmes. A mesure qu'elle s'en approche, elle voit s'éloigner la ferme d'où ils l'ont arrachée et personne n'accourt pour la protéger.

Pendant cette lamentable conduite que fait la famille de l'épileptique ? Elle vaque paisiblement, sans doute, à ses occupations quotidiennes, comme si rien d'inaccoutumé ne s'était passé à son foyer, sans se préoccuper de l'absence de celle qui en était l'âme. L'expiation finie, va-t-elle l'attendre à la sortie de l'église pour la consoler ? La voit-on, plus tard, à la fontaine du Roncier s'empresser autour d'elle ? Nullement.

Cette abstention des parents de l'aboyeuse provient de leur soumission à l'évangile de la légende. Bourreaux, complices et victimes, il les tient tous courbés sous l'autorité de son dogme qui ne rencontre pas d'athée.

N'est-ce pas que tout, dans ce drame, est bien extraordinaire et que les touristes vont souvent chercher bien loin des curiosités qu'ils trouveraient sans sortir de France? Nous venons d'en voir une. Il y en a beaucoup d'autres, même en Bretagne, ce pays si divers de mœurs, de langage, de types, de caractères.

La légende explique aussi pourquoi l'on ne rencontre pas en public d'hommes qui aboient; c'est que, s'il en existe, ils peuvent rester dans leurs maisons sans craindre qu'on vienne les en arracher pour les torturer. Etranger à la faute, leur sexe échappe à l'expiation.

Les aboyeuses sont-elles originaires du pays de Josselin? Viennent-elles d'autre part? Leur nombre est-il grand? Les moments de crise sont-ils fréquents? Il m'est impossible de répondre à ces intéressantes questions. Il m'aurait fallu séjourner dans la contrée, visiter ces femmes, me livrer à une enquête, ce que je n'ai pas fait. Je ne serais pas étonné qu'il y en eût une quantité notable. On sait que leur mal est contagieux. Cela est bien connu dans les hôpitaux. On a vu des malades atteints d'affections tout autres que l'épilepsie et pris par les convulsions au seul aspect d'épileptiques en proie à l'attaque. Quant à des renseignements de la part des habitants, il ne faut pas compter en obtenir. Ils observent, au sujet des aboyeuses, une réserve ou plutôt un mutisme systématique et absolu.

Il reste un point important; sont-elles guéries définitivement, radicalement par le baiser à la relique ? Il ne me paraît pas impossible qu'il y ait quelques cas de guérison, non pas que ce contact matériel puisse modifier instantanément leur état physique, mais elle peut résulter de l'impression ressentie et d'autant plus forte qu'elle a duré long-temps. Effectivement, née au seuil de leur domicile, cette impression se continue et s'accroît pendant le trajet à l'église pour ne finir qu'à l'épuisement complet de leurs forces. Il y a là un ébranlement de l'organisme suffisant pour provoquer une révo-lution salutaire.

La cessation des convulsions dès que l'aboyeuse a eu touché le reliquaire s'explique par la raison qui précède ; à ce moment le mal a atteint son maximum d'intensité, la période du paroxysme a cessé ; à la fièvre succède la prostration, comme cela arrive dans toute maladie des nerfs.

On connaît l'épilepsie. Issue d'un trouble du système nerveux, le même phénomène peut la faire cesser. A l'appui de cette vérité voici un fait curieux : dans un hôpital de Paris deux femmes, malades

de la fièvre, furent prises de convulsions nerveuses.
Le médecin de la salle craignait la contagion. Il
commanda de mettre un fer au feu et de le chauffer
à blanc. Quand on le lui eût apporté il s'avança
lentement, au milieu de l'anxiété générale, vers le
lit de la première des malades et prit ses dispositions comme s'il allait lui imprimer sur la chair
la tige brûlante. Immédiatement la crise cessa chez
toutes deux. Il est évident que cela fut le résultat
de l'impression de terreur éprouvée subitement,
inopinément par elles.

En terminant, il convient que je réponde à une
objection qui, sûrement, préoccupe le lecteur. La
voici : parmi ces femmes, que les campagnards du
pays de Josselin vont, chaque année, chercher à
domicile pour les mener à l'église, il faut qu'il s'en
trouve qui aient déjà accompli ce voyage, car l'effet
salutaire qu'on lui attribue étant d'en diminuer le
nombre, avec le temps il ne devrait plus y avoir
d'aboyeuses. Les récidivistes ne sont donc pas
guéries ? Alors, que penser de la conduite de ces
gars renouvelant sans cesse une expérience inutile?
Ne seraient-ils pas de bonne foi?

Il est vraisemblable qu'en effet quelques-unes
des aboyeuses ont gravi plusieurs fois le doulou-

reux calvaire, ce qui indiquerait que la cure n'a pas eu lieu, mais cela ne prouve nullement la mauvaise foi de leurs conducteurs. Il suffit de voir ceux-ci dans l'accomplissement de leur bénévole mandat. Ils ont bien l'attitude de gens qui remplissent un devoir.

Comment concilier cette conviction et l'inefficacité des pratiques exercées par eux ? L'explication est dans leur croyance même, et il est très probable qu'en cas d'insuccès ils interprètent de la manière suivante la stérilité de leurs efforts : « Si le baiser » à la relique vient à manquer son effet, c'est que » l'état de malédiction où se trouve l'aboyeuse a » une gravité inusitée, exceptionnelle ; que l'esprit » du mal qui les possède est supérieur au principe » du bien contenu dans l'ossuaire et qu'une nou- » velle épreuve est indispensable. » Cette épreuve ils la renouvelleront imperturbablement autant qu'il faudra et c'est ce qui explique leur air convaincu, leur calme stoïque.

Il faut déplorer cette superstition, fille de l'igno- rance et le pire des maux, car il a pour principe une docilité ou plutôt une faiblesse d'esprit, qui rend esclave de la volonté d'autrui celui qui en est atteint. C'est un navire sans gouvernail livré au caprice des flots.

Si le vent se trouve être favorable, la mer clémente, il pourra se faire que l'esquif aborde à quelque plage hospitalière. Si le contraire arrive malheur à lui et à ses marins; c'est le naufrage et ses horreurs.

De même pour l'homme possédé de l'esprit de superstition. Crédule, il s'abandonnera au premier venu et exécutera aveuglément sa volonté. S'il a en face de lui quelqu'un d'honnête, il pourra faire du bien, être utile, ou tout au moins ne causer de mal à autrui ni à lui-même, mais s'il subit le caprice d'un pervers, il n'est pas de mauvaise action dont il soit incapable, sans compter le préjudice personnel qui peut en résulter pour lui.

La superstition mène au fanatisme, qui n'est souvent qu'une de ses formes. Celui-ci compte ses jours par les malheurs qu'il a causés. Il a ensanglanté l'histoire de l'humanité. L'Inquisition, la Saint Barthélemy, les Dragonnades furent son œuvre et Jeanne d'Arc, la sublime patriote de Domrémy, sa plus glorieuse victime, car ce n'est pas seulement pour avoir vaincu les Anglais, ennemis de son pays, qu'elle fut brûlée vive; la haine de la France n'aurait pas suffi pour pousser Cauchon et ses assesseurs à commettre cette infamie. Leur fana-

tisme vit en elle une visionnaire, une possédée du
Diable et au nom de la religion ils l'immolèrent.
Ce furent de superstitieux gredins.

C'est la même erreur qui pousse nos paysans
du Morbihan, le jour de la Pentecôte, à torturer
froidement les pauvres aboyeuses. Ils sont incons-
cients. J'ai dit qu'actuellement le nombre des
victimes est beaucoup moindre, ce qui oblige les
bourreaux à être plus rares ; mais n'y en aurait-il
qu'une chaque année ce serait encore trop.

Le remède à la superstition, à l'ignorance, c'est
l'instruction. Grâce au triomphe définitif de la
démocratie en France, l'instruction est devenue
obligatoire et gratuite. A Paris et dans les grands
centres cette mesure ne pouvait manquer de pro-
duire de prompts et excellents résultats, mais il
en est autrement dans nos campagnes où l'esprit
de localité, de personnalité règne encore, faisant
tortueusement échec à la loi. C'est là que réside le
mal. Il faut que l'autorité fasse sans ménagement,
sans faiblesse, courber le front à nos hobereaux de
campagne devant les décisions de la Souveraineté
nationale; que personne ne puisse s'y soustraire ni
par son argent, ni par son influence, ni par sa
situation industrielle, commerciale ou de famille.

Je ne veux pas laisser nos paysans de Basse-
Bretagne sous le coup du blâme que je viens de
leur infliger. Ils ne sont pas méchants en somme.

Beaucoup sont ignorants, je parle des anciens,
mais au demeurant ils sont très intelligents, très
fins et ont des vertus qui en font positivement des
types pleins d'originalité.

Ils ont le culte du foyer, le respect des ancêtres,
la haine de l'arbitraire et par dessus tout l'amour
du sol natal. Ce sont des patriotes dans la plus
haute acception du mot et leur patriotisme est
exempt de fanfaronnade. Chez eux ni pose, ni ver-
biage mais un sentiment inné, profond du devoir,
une volonté recueillie, froide, de l'accomplir à
l'heure qu'il faudra et une passion ardente mais
contenue, un feu intérieur enfin qui les rend ca-
pables des plus grands sacrifices, des plus sublimes
dévouements.

Tels ils se sont montrés en 1870. Modestes,
timides même, respectueux de leurs chefs, ils sont
allés au feu avec l'entrain de vieilles troupes et
l'ont affronté bravement, sans broncher. Moutons
inoffensifs au village, ils sont devenus des lions sur
le champ de bataille. Et pourtant ils n'avaient pour
la plupart aucune instruction militaire. Et quels

vêtements ! quelles chaussures ! Les premiers laissaient l'eau filtrer au travers à la moindre pluie ; les secondes se déchiraient au choc du plus petit caillou.

J'ai vu arriver à Paris une partie des mobilisés du Finistère et des Côtes-du-Nord. C'était en octobre. Il pleuvait à verse. Ils étaient vêtus de pauvres blouses de coutil détrempées par l'eau. Ils avaient l'air malheureux. Au fond, ils regrettaient le pays natal, leurs landes, leurs bruyères. En vain les Parisiens, attablés aux terrasses des restaurants, les forçaient à s'arrêter et leur faisaient prendre des consommations ; ils conservaient quand même leur mine attristée.

Le bruit, le mouvement tumultueux de la rue les effarouchait. On disait : « Ça, des soldats ! quelle pitié ! à la première affaire ils s'enfuiront comme des lapins. »

On a vu par la suite combien on s'était trompé. Ils ont absolument montré au feu le sang-froid, l'aplomb, la bravoure de vieux soldats.

Ce qui les a distingués particulièrement des autres contingents, ç'a été leur bonne tenue et leur discipline.

4

JOSSELIN ET SES ENVIRONS

Ce pays est charmant et rappelle d'émouvants souvenirs. Je décrirai l'un, noterai les autres.

Le chef-lieu d'arrondissement est Ploërmel, ancienne ville forte, célèbre au Moyen âge par les sièges qu'elle eut à soutenir. Elle a de très beaux restes de ses anciens remparts et une église du xvie siècle, dite des Ursulines, à la façade ornée de très curieuses sculptures. J'ai dit qu'elle n'a pas de Pardon. Cela est vrai, du moins dans le sens exact du mot dont on désigne en Bretagne ces réunions, où viennent en foule les habitants de toute une contrée dans leur costume national, fêtes domestiques et religieuses qui durent plusieurs semaines, fertiles en indulgences et en plantureuses agapes, et dont le Pardon de Sainte-Anne-d'Auray est le type parfait.

Bien plus remarquable est Josselin, située à douze kilomètres sur l'Oust. Un fier château la domine. Olivier de Clisson, connétable de France, y est mort en 1407. Son père, Olivier III, avait été décapité par ordre de Philippe VI de Valois, comme partisan de Jean de Montfort, allié des Anglais, et sous prétexte qu'il entretenait des relations avec eux. Quoique élevé en Angleterre, le connétable porta toujours à ce pays une haine mortelle. Il fut le frère d'armes de du Guesclin. C'était un terrible compagnon. Par ses cruautés il avait mérité le surnom de *Boucher*. Dans l'église de Josselin est sa statue, en marbre blanc, avec celle de sa femme. Toutes deux sont couchées sur une table en marbre noir.

La ville est dans un site pittoresque. Assise au pied d'une éminence et partagée naturellement en deux, elle a une partie haute, l'autre basse. Le château est dans la seconde. Il domine le cours de l'Oust au bord duquel il est situé. Ce castel, bien conservé, a subi, il y a une quarantaine d'années, d'importantes restaurations, grâce auxquelles il a vraiment un magnifique aspect.

Flanqué de quatre énormes tours, il a une cour intérieure, qui était l'ancienne place d'armes et sur laquelle s'ouvrent un grand nombre de salles spacieuses, maintenant désertes ; elles étaient désignées autrefois sous les dénominations de *salle des gardes, des armures ou des chevaliers, des bannières,* etc. C'est le rez-de-chaussée, très élevé, par suite de l'altitude du sol.

Au premier étage étaient l'habitation du seigneur et celle de ses principaux officiers. A l'époque de mon voyage, le château appartenait à la famille de Rohan. Sur le fronton de la porte d'entrée est gravée dans la pierre en caractères gothiques, la fière devise : *Roi ne puis, prince ne daigne, Rohan suis.* On le laisse visiter par les touristes, qui sont nombreux surtout à l'époque des fêtes de la Pentecôte.

Du sommet des tours on a une superbe vue. Le regard embrasse toute la vallée, charmante par ses sinuosités. La rivière a un courant rapide. Son onde est claire, mais l'ombre des grands arbres abritant ses bords lui donne une couleur sombre principalement aux abords de l'antique forteresse.

Sombre aussi devait être celle-ci aux jours néfastes
des guerres où elle défendait l'honneur national
contre les Anglais, l'ennemi séculaire.

On ne saurait le nier, la vue des châteaux historiques attire et charme le lettré ; cela se conçoit
aisément : son souvenir les repeuple involontaire-
ment des personnages qui y ont vécu. Il entrevoit
par la pensée la châtelaine accoudée, le soir, à la
fenêtre de sa tourelle favorite et attendant, inquiète,
le retour du suzerain. Il lui semble entendre le
rire grossier des gardes réunis dans les salles basses,
le *qui vive !* sonore des archers en vigie sur les
tours, la fanfare joyeuse annonçant le retour du
seigneur, le hennissement des coursiers franchis-
sant le pont-levis, les éclats de la joie commune,
enfin le bruit du festin et le murmure du vent dans
les chênes entourant le manoir endormi, et cette
agitation disparue, opposée au silence morne des
vieilles murailles, emplit l'âme d'une indéfinissable
mélancolie.

Josselin, comme la plupart des petites villes
de Basse-Bretagne, est triste, mais originale. Elle
contient encore beaucoup de maisons d'architecture Moyen âge avec leurs pignons triangulaires
dominant la rue et percés, au milieu, d'une unique

et large fenêtre. Les habitants sont hospitaliers, mais légèrement méfiants.

L'église, située dans la basse ville, est remarquable par son portail gothique orné, sur les côtés, de statuettes de pierre, sa nef ogivale à laquelle pendent une quantité considérable d'*ex-voto*, témoignages enrubannés de la piété des fidèles.

Un bourg, qui fut aussi jadis une place forte, est situé sur l'Oust, en amont de cette ville et près des limites des Côtes-du-Nord, c'est Rohan, qui a donné son nom à l'une des plus puissantes familles de France. Il ne reste plus que des vestiges de l'ancien château seigneurial.

LE COMBAT DES TRENTE

J'ai parlé du combat des Trente. C'est à mi-
chemin de Ploërmel et de Josselin, à gauche en
allant à cette dernière ville, qu'il eut lieu. Il n'est
pas de grande bataille livrée sur le sol de France
qui ait plus vivement frappé l'imagination populaire que cette lutte à outrance entre champions
de races ennemies. En réalité ils étaient soixante.
La moitié était composée d'Anglais, d'Allemands,
de Brabançons, l'autre de chevaliers bretons.

C'est l'occasion de rappeler qu'un peu avant
l'époque de ce choc terrible, le parti de Blois, qui
tenait pour la France, avait éprouvé un échec

par la défaite de Gui de Nesles, sire d'Offémont, tué par les Anglo-Bretons. La victoire des Trente ne fut donc qu'une revanche. Cette sanglante « passe d'armes » eut pour cause un défi porté au châtelain anglais, Richard Bamborough, qui commandait à Ploërmel, par Robert de Beaumanoir, maréchal de Charles de Blois et gouverneur du château de Josselin.

Ce défi n'eut pas lieu, comme plusieurs auteurs l'ont écrit, à propos d'une querelle de maîtresses, pour savoir qui des deux champions avait plus belle *mie*. La raison était plus haute ; ce fut de punir la violation du pacte convenu entre les chefs francs-bretons à savoir que, durant cette guerre, on respecterait de part et d'autre les travaux, les maisons, les personnes des laboureurs et des commerçants ; ce fut aussi de venger les campagnes et les populations bretonnes rançonnées, incendiées, massacrées par les soldats anglais.

Beaumanoir alla au camp de Bamborough à Ploërmel pour lui reprocher ce manquement à la foi jurée. Il avait rencontré sur sa route un grand nombre de paysans, véritable troupeau d'hommes sans défense, emmenés prisonniers par des soldats anglais, les fers aux mains, les chaînes aux pieds.

Un poëme contemporain, très intéressant par
la naïveté de l'expression, la vigueur du style,
fait le tableau suivant de la détresse de ces malheureux :

> Ly un estoit en ceps et ly aultre ferré,
> Ly aultre ès gresillons et ly aultre en celé,
> Deux et deux, trois et trois, chascun sy fut lié,
> Comment bouëfs et vaches que l'en maine au marchié.

Beaumanoir réclama les prisonniers, laissant
éclater son indignation :

> « Chevaliers d'Angleterre, vous faictes grand pechié
> » De travailler les povres, ceulx qui sièment le blé,
> » Et la char et le vin de quoy avons planté ;
> » Se laboureux n'estoient, je vous dy mon pensé,
> » Les nobles convendroit travailler en l'eré
> » Aux flaies et à la bouette et souffrir povreté ! »

L'Anglais répondit avec arrogance que « pour
» commander ainsi il faudrait d'autres hommes que
» les Bretons. » — « Eh! bien, répliqua Beauma-
» noir, pour que ceux dont le métier est de faire la
» guerre en supertent seuls le poids, choisissez
» trente de vos compagnons, un lieu, un jour et
» nous verrons qui a meilleur cœur et meilleure
» cause. » Bamborough accepta ; ainsi fut résolu le
combat.

Les champions furent donc en tout soixante.

L'histoire a conservé leurs noms. Les principaux des Bretons étaient : *Olivier Arel, Tinténiac, Guy de Rochefort, Robin de Raguenel,* parent de du Guesclin, *Huon de Saint-Yvon, Yves Charruel,* « homme de très grande stature, excédant la commune proportion des hommes », *Caro de Bodegat, Geoffroy du Bois, Alain et Olivier de Keranrais,* l'oncle et le neveu, *Geoffroy de la Roche, Maurice du Parc, Jehan de Serent, Maurice et Geslin de Trésiguidy, Tristan de Pestivien, Louis Goyon, Guillaume de Montauban, Geoffroy de Beaucorps, Guyon de Pontblanc, Jehan Rousselot,* etc.

Le combat eut lieu le 27 mars 1350, un samedi, au chêne de Mi-Voie, dans les landes de la Croix-Helléan entre Ploërmel et Josselin. La chaleur fut grande.

« Une infinité de noblesse, dit d'Argentré, » était venue là exprès, sous sauf-conduits, pour » assister à ce grand spectacle. » Les acteurs interdirent aux assistants d'intervenir ni pour ni contre qui que ce fût.

Les combattants une fois en présence sur le *pré herbu,* il y eut entre les chefs un échange de paroles. Bamborough voulut remettre la bataille à un autre jour :

> « Beaumanoir, dit Brambourc, se vous voulons amis,
> » Remuons ceste journée, et soit arière mis
> » Et j'envoieray nouveles à Édouard le Gentils
> » Et vous irès parler au roy de Saint-Denis;
> » Nous nous rendrons icy un jour qui sera mis. »

Beaumanoir, surpris, communique à ses compagnons cette proposition :

> « Segneurs, Brambourc vouldroit, la chose remuée,
> » Que chascun s'en alast sans y ferir collée.
> » Sy veueil bien qu'entre vous m'en diés votre pensée,
> » Car par ycelui Dieu qui fit ciel et rousée,
> » D'endroit moy n'en prendroye tout l'or d'une contrée,
> » Que yceste bataille ne fut faite et oultrée. »

Les Bretons répondirent d'une voix :

> « Sire, nous sommes trente venus en ceste prée;
> » N'y a celluy qui n'ait dague, lance, espée.
> » Tous près de nous combatre en nom Saincte Honourée
> » A Brambourc, puis qu'il a la terre chalengiée
> » Au franc duc debonnaire; cil ait male durée
> » Qui jamais s'en ira sans y ferir collée!
> » Ne qui la remuera pour prendre aultre journée. »

Fier de cette réponse, Beaumanoir crie à Bamborough :

> « Vous mourrois à honte, voiant sa compaignie,
> » Et vous, et tous les vostres, quoique chacun en die,
> » Serois prins et liez, ains l'heure de complie. »

Bamborough riposte :

> « . . . . Je ne prise une aillie
> » Tretoute vostre poesté ni votre Segneurie,
> » Car, maugré vous, ce jour je aurai la maistrie,
> » Et conquerray Bretaigne et toute Normendie. »
> Brambourc dit aux Englois : « Seigneurs, Bretons ont tort
> » Ferés, frappez su eulx, mectés tous à la mort;
> » Gardés que rien n'i eschappe ne fœble ne fort! »

Venus à cheval, les champions se battirent à pied, mais chacun demeura libre de reprendre sa monture, cela est probable du moins, car nous verrons qu'un des Bretons usa de ce droit sans subir de reproche, pas même de la part du chroniqueur Froissart, si partial en faveur des Anglais.

On se servit « de courtes épées de Bordeaux, » roides et aigues, de lances, de maillets, de » haches, de faucharts. On n'avait pas oui recor- » der chose pareille depuis cent ans. » (Froissart.)

Notre poème, exprimant la même pensée, dit :

> Grande fut la bataille en my la praerie
> Et le chapple orrible, et dure l'esturmie.
> Los Bretons ont du pis, ne vous mentiray mie.

Lorsque le signal eut été donné, tous se ruèrent les uns sur les autres avec furie.

La chance tourna d'abord contre les Bretons :

au premier choc ils eurent le désavantage. L'un
d'eux mordit la poussière. Trois autres furent griè-
vement blessés.

Beaumanoir et ses compagnons redoublent d'ardeur et multiplient leurs coups ; les glaives lancent
des éclairs, le sol tremble sous les pieds des combattants, le sang coule à flots. Exténués, pourtant,
les deux partis s'arrêtent et d'un commun accord
font trêve pour panser les blessures, se rafraîchir.
Ils allèrent « querre » à boire

> Chacun en sa bouteille, vin d'Anjou y fut bon.

Les Bretons n'étaient plus que vingt-cinq. La
nuit qui précéda la bataille ils avaient jeûné « par
dévotion » et cette abstinence était bien faite pour
augmenter leur épuisement ; mais, robustes de
corps, ils avaient le cœur solide.

Lorsque les adversaires se furent reposés, récon-
fortés, la lutte recommença, acharnée. Du premier
coup Bamborough fond sur Beaumanoir et lui crie,
après l'avoir saisi à bras le corps :

> « Rends-toi, tôt, Beaumanoir, je ne t'occiray mie,
> » Mais je feray de toi beau présent à m' amie
> » Car je lui ay promis, ne lui mentiray mie
> » Qu'aujourd'huy te mectray en sa chambre jolie. »

Beaumanoir répond :

> « . . . . Je te le surenvie
> » S'il plaist au roy de gloire et à sainte Marie
> » A saint Yves le bon en qui moult je me fie ;
> » Sur toi sera hazart, courte sera ta vie. »

Deux Bretons, Alain de Keranrais et Geoffroy Dubois, voient le péril de leur capitaine et accourent à son aide. D'un coup de lance le premier renverse l'Anglais, le second le transperce de son glaive.

La mort de Bamborough double le courage de Beaumanoir et des siens, qui se multiplient. D'autre part les prisonniers bretons, délivrés par cet événement, rentrent dans le champ clos et la mêlée continue plus furieuse. Les Anglais s'acharnent sur Beaumanoir qui, entouré de toutes parts, épuisé, mais se défendant comme un lion, reçoit successivement trois blessures : son sang coule avec la sueur. Il demande à boire.

Un de ses compagnons, Geoffroy Dubois ou Tinténiac lui répond :

> « Bois ton sang, Beaumanoir, ta soif te passera
> » Ce jour aron honneur ; chacun s'y gaignera
> » Vaillante renommée ja blasmée ne sera. »

A ce mot sublime il retrouve ses forces et fond de nouveau sur les Anglais. Mais, serrés les uns contre les autres, comme des pieux fichés en terre, on ne peut les entamer. Ce fut alors que Guillaume de Montauban chaussa ses éperons et s'élança sur son cheval, laissé à l'écart avec ceux des autres chevaliers. Déjà ses compagnons croient qu'il veut fuir et s'apprêtent à crier à la trahison, mais non, il fond sur la muraille humaine, qu'il rompt à grand'peine, assurant aux siens la victoire. Les guerriers de Bamborough étaient épuisés de lassitude et de blessures. Une fois dispersés, ils se battirent encore, mais finirent par tomber sous les coups des Bretons, qui n'étaient guère plus épargnés. La meilleure partie des Anglais, une dizaine au moins, resta sur le champ de bataille. Les blessés (presque tous l'étaient) furent emmenés avec les prisonniers à Josselin. Quatre Bretons périrent. Les autres étaient hachés de blessures.

Quand le sanglant cortège des vainqueurs entra dans la ville ce fut, de la part des habitants et de la garnison du château, un enthousiasme indescriptible. Les dames de la bourgeoisie et de la noblesse embrassaient les preux triomphants sous leurs casques ensanglantés. Les cloches sonnaient à toute

5

volée. Les fanfares joyeuses remplissaient l'air. Les destriers mêmes, qui portaient les triomphateurs, hennissaient et piaffaient fièrement. Le soir, quand la cité fut endormie, dans la salle d'honneur du manoir eut lieu un somptueux banquet où l'on but ferme et *dru* à la gloire des guerriers qui avaient bataillé pour l'honneur du pays breton.

Ainsi finit le fameux combat des Trente.

Le poète inconnu que j'ai cité plus haut, le résume ainsi :

> La chaleur fut moult grande chacun s'y tressua
> De sueur et de sang la terre rosoya.
> . . . .

Il ajoute :

> Grande fut la bataille, certes n'en doubtez mie,
> Englois sont déconficts, qui voudraient par envie
> Avoir sur les Bretons poesté et seigneurie,
> Mais tretout leur orgueil tourna en grant folie.

Beaumanoir, bois ton sang! resta le cri de guerre de cette famille. Célébré par les poètes, chanté par les trouvères, reproduit par la tapisserie, la gravure, le combat de *Mi-Voie* devint si fameux qu'un siècle après on disait en parlant des plus sanglantes batailles : « *On s'y battit comme au combat des Trente.* »

Combat des Trente

L'endroit où se livra la bataille était une lande tapissée de cette rude bruyère d'Armorique dont la fleur, simple point rouge, est rebelle à l'éclosion. Au milieu il y avait un chêne immense qui ombragea les combattants. Au xvie siècle, pendant la Ligue, il fut abattu et remplacé par une croix de pierre élevée sur le bord de la route.

Elle fut renversée en 1793.

Aujourd'hui c'est un obélisque érigé en 1819 au moyen d'une souscription par le Conseil général du Morbihan. C'est une pierre de granit haute de quinze mètres, large, à sa base, de un mètre soixante centimètres. Sur la face de l'Est, il y a une inscription rappelant le combat et reproduite en langue celtique sur celle de l'Ouest. Au Sud sont gravés les noms des guerriers bretons et anglais ; au Nord la date de la mêlée sanglante : 27 mars 1350.

Je l'ai visité en 1855. C'est un endroit désert au bord de la route menant de Ploërmel à Josselin et à Vannes. Le champ est clos, du côté du chemin, par une palissade. Sa vue est faite pour impressionner péniblement. Rien de plus triste que cette solitude où les pins séculaires empêchent le soleil de pénétrer. L'ombre qui y règne constam-

ment rend le sol humide et ajoute au désagrément
de ses brusques inégalités une sensation de froid.
Sans qu'on le sache on devine que quelque événement terrible à dû se passer là, mais rien ne l'indique. Le champ est suivi, à droite et à gauche, en
longueur et en profondeur, d'autres champs. Rien
n'appelle du dehors l'attention du voyageur, qui ne
saurait s'y arrêter sans être prévenu. Une fois qu'il
y est il ne trouve aucun indice révélateur, la colonne de pierre où sont gravés les noms des combattants tombant en ruines et l'inscription étant
devenue à peu près illisible par l'effacement.

Ainsi voilà un lieu où fut accompli l'un des
plus glorieux faits d'armes de notre histoire et l'on
ne cherche pas à en rendre durable le souvenir,
encore moins à le désigner, par un signe extérieur,
à l'attention des passants! Il y a là une négligence
coupable.

Lorsque Mercy, le général espagnol qui combattit le grand Condé à Nordlingen, y fut tué, les
soldats français érigèrent sur l'endroit même où
tomba leur ennemi vaincu une colonne avec ces
mots : « *Sta, viator, heroem calcas!* » — *Arrête-
toi, voyageur, tu foules du pied la dépouille d'un
héros!* — Et devant ce champ qu'immortalisa le

combat des Trente, dans ce pays breton si connu
pour son patriotisme, il n'y a pas même un poteau
de bois blanc pour dire au passant : « Suspends ta
marche, ô toi qui chemines gaiement, et courbe la
tête, ici dorment des Bretons qui combattirent et
moururent pour la patrie! »

On pénètre dans ce champ, qu'un simple fossé
de verdure sépare de la route, par une brèche pra-
tiquée dans la palissade. Point d'indication exté-
rieure, quoique du chemin il soit impossible de
distinguer la pyramide, d'abord parce qu'elle n'est
pas dans l'axe de la brèche, ensuite parce que des
arbres la masquent. Il faut savoir l'emplacement
exact de ce lieu pour s'y arrêter et aussi avoir l'âme
patriote.

Combien de voyageurs passent là sans se douter du drame terrible qui s'y est accompli! Mais
l'Armée, qui garde le souvenir de nos gloires, connaît ce lieu vénéré et, lorsque nos régiments passent là, changeant de garnison ou allant en ma-
nœuvres, ils s'arrêtent ; on bat aux champs et les
soldats présentent les armes. J'ai vu rendre ces
honneurs par un escadron de chasseurs. Mes compagnons de route ni moi ne nous y attendions;
nous éprouvâmes une surprise mêlée d'émotion à

la vue de ces cavaliers rangés en bataille, sabre
haut. C'était la Pentecôte. Le soleil faisait étinceler
les armes. Une brise légère courbait la cime des
vieux pins. On eût dit qu'ils s'inclinaient pour répondre au salut des militaires. Ces arbres séculaires, c'est le passé. Sous la terre que couvre leur
ombre dorment les preux tombés dans le sanglant
combat. L'escadron aligné sur deux rangs, c'était
l'avenir.

On le croirait difficilement, longtemps le combat des Trente a été contesté. Les écrivains anglais
y ont grandement contribué en gardant le silence
sur l'événement. C'est que ce glorieux fait d'armes
porta un coup terrible à l'honneur britannique. Il
fut en effet provoqué uniquement par les excès de
la domination anglaise en Bretagne. L'épée des
Trente fut l'instrument de la vengeance nationale.
Victorieuse, elle releva aussi les espérances patriotiques en humiliant l'arrogance insupportable de
nos ennemis.

Le silence de leurs historiens s'explique donc
tout naturellement et aussi la manière inexacte
dont Froissart rend compte de la bataille. Le bon,
l'honnête et naïf chroniqueur était, il ne faut pas
qu'on l'ignore, pensionné du roi d'Angleterre.

Après avoir été *clerc* de Philippine de Hainaut, femme d'Edouard III, en compagnie de laquelle il visita l'Écosse, il s'était attaché à la personne du prince de Galles, puis au duc de Clarence, qui l'emmena à Milan, Bologne, Ferrare, Rome, ce qui ne l'empêcha pas, à son retour en France, d'obtenir la cure de Lestines (diocèse de Cambrai).

Aussi dissimule-t-il avec soin la véritable cause de la rencontre, qu'il rabaisse à la proportion d'une simple querelle de maîtresses, et attribue-t-il tout le beau rôle à Bamborough. Le chapitre consacré par lui à ce fait d'armes fut longtemps ignoré. On doit sa restitution au savant éditeur de nos chroniques nationales, M. Buchon.

Grâce à la découverte heureuse, en 1819, du poème sur le combat des Trente, dont j'ai donné quelques extraits, le doute n'est plus permis. Cet ouvrage est placé sous le n° 7595 *bis* de la Bibliothèque nationale. Il est d'une importance capitale. On en a une excellente copie due à M. Méon, un érudit.

Il contient cinq cents vers environ et est de la fin du xive siècle, c'est-à-dire contemporain de la bataille. Tout l'indique, la naïveté de son style, les caprices de son orthographe et surtout les renseignements qu'il fournit sur les armures et les armes des combattants, lesquelles appartiennent bien à cette époque. C'est probablement là le *très ancien livre en rythme* dont parle d'Argentré dans son *Histoire de Bretagne* et qu'il dit avoir eu sous les yeux. Malheureusement son auteur est resté inconnu.

Je ne puis résister au désir de citer un ou deux passages du chapitre de Froissart consacré au combat des Trente. Dès le début on y sent le parti pris de mauvaise foi et cette tendance se trahit à chaque ligne. Il commence ainsi :

« En cette propre saison avint en Bretagne uns
» moult haut fais d'armes que on ne doit mies ou-
» blier, mès le doit-on mettre avant pour tous ba-
» celers encoragier et exemplyer. Et, afin que vous
» le puissiés mieus entendre, vous devès savoir
» que tout dis estoient guerres en Bretagne entre
» les parties des deus dames, comment que Messire
» Charles de Blois fust emprisonnés; et se guer-
» rioient les parties des deus dames par garnisons,
» qui se tenoient ens ès chastiaus et ens ès fortes
» villes de l'une partie et de l'autre.

» Si avint uns jours que messire Robers de
» Beaumanoir, vaillans chevaliers durement et dou

» plus grant linage de Bretagne et estoit chaste-
» lains d'un chastiel qui a nom Chastiel-Josselin et
» avoit avescques lui grand foison de gens d'ar-
» mes de son linage et d'autres saudoyers, et
» s'en vint par devant le ville et le chastiel de
» Ploermiel, dont chapitains estoit uns homs qui
» s'appelloit Brandebourch, et avoit avescque lui
» grant foison de saudoyers alemans, englès es
» bretons de la partie de la comtesse de Mont-
» fort. »

On voit tout de suite la supercherie de l'écrivain. Il fait venir le maréchal de Beaumanoir au
camp de Bamborough par pure fantaisie, sans autre
raison plausible que de le provoquer à une rencontre au nom de l'honneur guerrier, ce qui est
tout à fait inadmissible, étant donné le temps où
ces événements se passaient. C'était la guerre avec
toutes ses horreurs : sacs de villes, pillages de
châteaux, massacres d'habitants, incendies de
chaumières. Les Anglais occupaient la moitié de la
Bretagne. On se battait chaque jour sans merci.
Point n'était besoin de se défier pour se rencon-
trer. Les occasions de s'entretuer ne manquaient
donc pas.

Je continue cette analyse.

. Beaumanoir et ses gens une fois arrivés aux barrières du camp anglais, le maréchal fit appeler Bamborough et il lui tint ce langage :

« Capitaine, y a-t-il là dedans nul homme d'ar-
» mes, vous ne aultre, deus ou trois, qui voisis-
» sent jouster de fer, de glaves contre aultres trois,
» *pour l'amour de leurs mies?* »

Bamborough répondit :

« Nous ferons, se il vous plaist. Vous prende-
» rès vingt ou trente de vos compagnons de vostre
» garnison et j'en prenderai autant de la nostre.
» Si alous en un biel camp où nuls ne nous puist
» empecier ne destourber..... et là faisons tant
» qu'on en parle ou temps à venir en sales, en
» palais, en plaches et en aultres lieus par le
» monde. »

Ainsi Froissart, bien qu'il connût, à n'en pas douter, l'existence du poème susdésigné, feint d'ignorer la véritable cause du combat qu'il rabaisse à un simple défi en l'honneur de nobles dames. C'est qu'il lui en coûtait de convenir que le motif réel était de punir la violation, par les Anglais, du pacte conclu entre les belligérants pour sauvegarder les personnes et les biens de ceux qui étaient étrangers au métier de soldat.

Parlant du courage, de l'ardeur des combattants, il dit : « Ains se maintinrent moult vassau-
» ment d'une part et d'aultre ossi bien que tous
» fuissent Rollans et Oliviers. Je ne sçais à dire à
» la vérité cil se maintinrent le mieuls et cil le fis-
» sent le mieuls ».

Les champions, harassés de fatigue, font une
pause. « Adont estoient morts quatre François et
» deux des Englès..... Ils se reposèrent et tels y
» eut qui burent dou vin que on leur aporta en
» bouteilles, et restraindirent leurs armeures qui
» desroutes estoient et *fourbirent* leurs plaies. »

La bataille recommença bientôt.

« Elle fut si forte comme devant et dura moult
» longuement..... Vous poès bien croire qu'ils
» fisent entre yaus mainte belle apertise d'armes,
» gens pour gens, corps pour corps et main à main,
» se donnant merveilleusement grans horions avec
» espés, daghes, haches. »

Le chroniqueur ne pouvait nier la défaite de
ses amis les Anglais. Il l'avoue donc humblement,
mais il la déplore, sans le dire positivement, et
l'explique par l'état d'infériorité où les mit la tactique de Guillaume de Montauban.

Mais, qu'on le remarque, il ne la qualifie pas

de félonie, ni même de supercherie. Il l'admet comme toute naturelle, ce qui démontre bien que les chevaliers, tout en combattant à pied, avaient le droit de se servir de leurs chevaux. Ils ne le firent point pour plus de commodité. Les chevaliers du XIVᵉ siècle, si pesamment armés, ne mettaient pied à terre que pour se donner plus d'avantage.

Ecoutons la fin du récit de Froissart ; c'est lamentable :

« Finablement li Englès en eurent le pieur, car, » ensi que je oy recorder, li uns des François, qui » demorès estoit à cheval, les brisoit et defouloit » trop mesaisiément. Si que Brandebourch, leurs » chapitains, y fut tués et huit de leurs compagnons, » et li aultres se rendirent prisonniés quand ils » véirent que leurs deffendres ne leur pooit aidier, » car ils ne pooient ni devoient fuir, et li messire » Robert Beaumanoir et ses compagnons qui es- » toient demoret en vie, les prisent et emmenèrent » au chastiel Josselin comme prisonniers et les ran- » cenèrent depuis courtoisement quand ils furent » tous resanet, car il n'en y avoit nuls qui ne fust » fort blechiés otant bien des François comme des » Englès. »

Ainsi, c'est bien établi. Les champions restèrent

libres de se battre à pied et à cheval. Les Anglais préférèrent se passer de leurs montures, mais parce qu'ils le voulurent ainsi, non parce que c'était une condition rigoureuse de la joute. D'ailleurs, dans un passage de sa chronique, Froissart s'exprime ainsi : « Aulcuns dient que cinq des » François demorèrent as chevaus à l'entrée de la » place et li vingt cinq descendirent à pied, si » comme les Englès estoient. »

Enfin d'Argentré, D. Morice et Lobineau, dont l'autorité fait loi, s'accordent à dire « qu'il ne fut » rien appointé entre les Trente, de la manière de » combattre ; que chacun prit son avantage comme » il l'entendit ».

En ce qui concerne Guillaume de Montauban, Froissart s'est trompé en disant que ce chevalier « estoit resté à cheval ». Il combattit à pied, puisque, d'après le poème, il *chaussa ses éperons* à la fin de la tuerie, pour *monter à cheval*.

Notre chroniqueur termine sa narration en disant : « Depuis je vis seoir à la table du roy » Charles de France un chevalier breton, Yeuvains » Charuels, qui avoit esté (au combat), mais il avoit » le visaige si destaillet et découpet qu'il monstroit » bien que la besogne fut bien combattue. »

.

BLOIS ET MONTFORT

Je ne puis en conscience quitter cet émouvant sujet du combat des Trente sans rappeler le souvenir de Charles de Blois et de Jean de Montfort, car ce duel historique n'est qu'un épisode de la rivalité de ces deux princes, qui dura vingt-quatre ans, digne cadre d'un tel tableau.

On sait qu'elle eut pour cause leur compétition à la couronne ducale de Bretagne, donnée par le dernier duc Jean III à Jeanne de Penthièvre, fille de son frère germain Guy (de Penthièvre), mariée par lui à Charles de Blois, neveu du roi de France, Philippe de Valois; que Jean de Montfort, frère

6

consanguin de Jean III, protesta, invoquant le droit
des mâles (Guy était mort sans descendance masculine), enfin que le Parlement ratifia le choix du
donateur, adjugeant la Bretagne à Jeanne de
Penthièvre et à son mari (9 septembre 1341).

Jean de Montfort prit les armes et appela les
Anglais à son secours, ce qui grandit le conflit et
d'une querelle de prétendants fit une véritable
guerre nationale. Le combat des Trente figure vers
le milieu de cette guerre fertile en épisodes héroï-
ques. Il les domine tous du haut de sa tragique
grandeur.

La rivalité de Blois et de Montfort marqua sans
doute par la qualité des prétendants, mais ils
furent de beaucoup surpassés par leurs épouses et
c'est ce qui constitue l'intérêt tout particulier de
cette compétition fameuse. Elles étaient bien bretonnes ces femmes, par la ténacité, l'énergie, la
solidité du tempérament. Pour cela j'estime que
cette digression ne déparera pas mon récit consacré
exclusivement à la Bretagne.

Jeanne de Penthièvre, la *Boiteuse*, comme on
l'appelait, parce qu'elle souffrait d'une claudication
assez accentuée, était la petite-fille de la vicomtesse
de Limoges, première femme d'Arthur II, duc

de Bretagne. Elle avait une âme altière, un cœur
intrépide. Singulier contraste : son époux était le
plus pacifique, le plus dévot des seigneurs de son
temps. Toujours en compagnie des malades, qu'il
se plaisait à soigner, des pauvres, à qui il faisait
l'aumône, il passait sa vie à mortifier sa chair et à
entendre la messe.

Jeanne de Montfort était la fille de Louis de
Nevers et sœur de Louis, dit de Cressé, comte de
Flandre, de Rethel, etc. Fière, passionnée pour ses
droits, elle avait un tempérament viril. Son mari
était le plus beau, le plus séduisant, le plus adroit
des chevaliers de son époque. Le roi de France,
Philippe VI, avait assisté à son mariage, célébré à
l'église Notre-Dame de Chartres, en 1329. Il était
fils de la belle Yolande de Dreux, comtesse de
Montfort-l'Amaury, et oncle consanguin de Jeanne
de Penthièvre.

Dans cette lutte de vingt-quatre ans pour une
couronne, les deux rivales furent sublimes de courage, d'abnégation, d'intrépidité et ces qualités
brillèrent surtout à l'heure de l'adversité, car
toutes deux la subirent à tour de rôle. Elle frappa
d'abord Jeanne de Montfort, dont le mari fut pris
traîtreusement à Nantes qu'assiégeait Charles de

Blois à la tête des troupes du roi de France et emmené prisonnier dans la tour du Louvre.

Pendant sa captivité, qui dura quatre ans, sa femme fut à elle seule le cœur et le bras de son parti. Douée d'une remarquable intelligence des choses de la guerre, elle fixa à Hennebont son quartier général. L'endroit était vraiment bien choisi. Cette ville, assise sur le sommet d'une haute colline à dix kilomètres d'un port de mer (Lorient) et à l'embouchure du Blavet, qui ne devient navigable qu'à partir de cet endroit, était une excellente position défensive.

Par son énergie, son initiative que n'entrave aucun obstacle, Jeanne fait de cette place un rempart inexpugnable. Assiégée par Charles de Blois, qui se flattait de « la prendre et renvoyer à ses fuseaux »; elle monte sur un bon cheval « armée » de corps et galope par la ville, semonant ses » gens de bien se défendre, renforçant les endroits » où il estoit besoin d'hommes, employant femmes, » enfants et damoiselles à ramasser des pierres et » à les porter aux soldats avec de la chaux vive, » des pots à feu, pour les jeter aux ennemis ».

Ses compagnons, de redoutables guerriers, la secondent. Ce sont : *Yves de Trésiguidy, Guil-*

laume de Cadoudal, le *châtelain de Guingamp*, les deux *Quéric*, le *sire de Landerneau*, etc. Après un combat acharné, l'assaut est repoussé, mais plus tard l'ennemi ayant fait venir de Rennes de puissantes machines de guerre, se mit à « débriser, froisser » les murs de la ville d'une telle force qu'ils commencèrent à crouler. La terreur s'empare des habitants qui demandent qu'on capitule et se mutinent. Jeanne leur tient tête. Par sa fermeté elle les force à attendre des secours annoncés d'Angleterre et qui arrivèrent avec soixante jours de retard, mais assez à temps pour sauver la ville.

Ce succès à peine remporté, voilà qu'une flotte française apparaît subitement en pleine mer. Quarante-deux vaisseaux anglais lui livrent bataille et Jeanne se met de la partie. Elle combat sur son navire comme un homme, corps à corps, frappant d'estoc et de taille, abritée sous sa cotte d'armes noire qu'enveloppe une épaisse cuirasse. Après la victoire elle soutient, dirige la guerre, à laquelle vient bientôt prendre part le roi d'Angleterre en personne.

Enfin son mari s'évade de la tour du Louvre et vient se mettre à la tête de ses troupes, mais il meurt peu de temps après à Hennebont (1345).

Cette mort n'abat pas le courage de Jeanne. Elle était généralissime, elle se fait ambassadeur. La voilà chevauchant par monts et par plaines, demandant partout des secours, enflammant le courage de ses guerriers d'Armorique par la vue de son jeune fils qu'elle leur montre avec orgueil comme l'espoir, le futur vengeur de sa race.

Les Anglais lui envoient de nouveaux renforts et assiègent la Roche-Derrien (1347). La victoire se montre indécise ; elle la décide par une charge d'armures de fer envoyées d'Hennebont et qui arrive au moment même où ses alliés commençaient à ployer. Ce fut un triomphe complet, un carnage horrible. Charles de Blois est fait prisonnier à son tour et emmené captif à la tour de Londres.

Le parti de Blois semble perdu, mais l'autre Jeanne (Jeanne de Penthièvre) est là. Jusqu'à ce moment elle avait borné ses efforts à stimuler l'ardeur de son époux, homme hypocrite, passé à tort pour un saint, à rendre belliqueux, malgré lui, ce fils de preux, né pour le cloître, à transformer en lion ce mouton sans défense et elle y était parvenue.

Toujours couvert de chapelets, il était enserré, sous son armure, de cordes hérissées de pointes

aiguës qui lui liaient les reins, les épaules et mettaient sa chair en sang, mais dans la mêlée nul ne
bataillait mieux que lui et ne portait de plus terribles coups ; c'était au point qu'il finissait par
tuer pour le plaisir de donner la mort, témoin la
prise de Quimper, où il se signala par sa férocité,
où rien n'arrêta sa soif de carnage, pas même la
vue des nouveau-nés tétant les mamelles sanglantes de leurs mères égorgées.

Maintenant, Jeanne de Penthièvre va changer
de rôle. Elle prendra une part active à la guerre,
inspirant, dirigeant les chefs du parti de Blois. En
ce moment même le péril a grandi : dans le camp
de sa rivale sont apparus deux nouveaux champions, redoutables l'un et l'autre ; le premier est le
jeune fils de Montfort, qui a pour tuteur le roi
d'Angleterre, Edouard III ; le second, Olivier de
Clisson, le futur connétable, adopté par Jeanne de
Montfort après le meurtre de son père, consommé
d'après l'ordre de Philippe VI de Valois, et dont
la renommée balançait presque celle de du Guesclin.

Le meurtre de Clisson eut lieu avec une perfi-
die, une cruauté qui, pour être habituelles en ces
temps barbares, n'en soulevèrent pas moins l'indi-

gnation publique à cause des circonstances particulièrement tragiques où il s'accomplit et que
voici.

Il nous faut remonter de quelques années le
cours de ce récit.

Peu après le combat naval de Guernesey,
Charles de Blois avait reçu de Philippe VI, son
oncle, un grand renfort de troupes placé sous le
commandement du jeune duc de Normandie, qui
régna sous le nom de Jean II le Bon. Là se trouvaient les maréchaux de Montmorency et de Saint-
Venant, le roi de Navarre, le duc de Bourbon et
un jeune écuyer dont le nom devait bientôt remplir
la France. Il s'appelait Bertrand du Guesclin.

Cette armée se dirigea par Nantes sur Vannes,
qu'elle atteignit au moment même où Edouard
d'Angleterre arrivait sous les murs de cette ville
avec des forces non moins imposantes. Alors aurait été consommée par deux seigneurs bretons
une véritable félonie. Godefroy d'Harcourt et Olivier de Clisson, père du futur connétable, traitèrent
directement avec les Anglais sans changer, en
apparence, de parti. Ils conseillèrent même à
Edouard d'attaquer le duc de Normandie avant
que Philippe VI, dont ils savaient l'arrivée pro-

chaine avec une nombreuse armée, se fût joint à celui-ci.

Salisbury reçut leur secret et leur serment de fidélité au roi d'Angleterre. L'intervention de deux légats du pape Clément VI, envoyés pour empêcher cet égorgement de soixante mille hommes, arrêta la bataille, attendue de toute l'Europe, ainsi que l'effet du pacte dont il vient d'être parlé. Une trêve fut signée au prieuré de la Madeleine de Malétroit (1347).

Mais Philippe VI avait appris la trahison par Salisbury, qui venait de connaître le déshonneur de sa femme, consommé par Edouard III. Se vengeant de son roi sur des gentilshommes étrangers, en somme, à son infortune, l'Anglais révéla au roi de France la trame ourdie par Clisson et Godefroy d'Harcourt. Le premier était, dans ce moment, à la cour de Philippe VI.

Son vindicatif maître le fit saisir dans un tournoi et décapiter sans procès. Son corps fut livré à la pourriture du gibet de Montfaucon. Sa tête, envoyée à Nantes, fut exposée sur une pique à la principale porte de la ville. Ce n'est pas tout : bravant l'horreur qu'inspirait cette exécution, le monarque fit mettre la main sur quatre seigneurs des plus grands noms de Bretagne et leur fit souffrir d'atroces supplices. Traînés nus aux halles, ils furent décapités et livrés aux outrages de la populace.

Parmi ces victimes étaient les sires d'Avaugour et de Laval, Jean de Montauban, Alain de Quédillac, Denis du Plessis, etc. Ces sanglantes immolations remplirent d'indignation la noblesse de Bretagne. Un grand nombre de partisans de Charles de Blois coururent se ranger sous les drapeaux de Montfort.

La comtesse de Belleville, veuve de Clisson, était femme d'un grand courage. Tout entière à sa vengeance, elle réunit quatre cents gentilshommes et, à leur tête, parcourut le pays, semant partout la terreur et la mort.

Par la ruse elle s'empare d'un château qu'occupaient les partisans de Blois, passe la garnison au fil de l'épée et y met le feu. Diligente, audacieuse, elle surprend et pille d'autres places plus importantes ; enfin elle équipe une flotte et court sus à tous les bâtiments français qu'elle rencontre, les incendie après avoir enrichi de leurs dépouilles ses guerriers, puis, abreuvée de carnage, elle vient mettre aux pieds de l'orgueilleuse Jeanne de Montfort, dont le mari était encore prisonnier dans la tour du Louvre, ses triomphes et sa haine. Elle lui présente en outre son jeune fils Olivier, âgé de sept ans, qu'elle avait gardé à ses côtés au milieu des combats.

Cruelle ironie du sort ! Ces deux enfants, liés par la communauté du malheur, engendrés dans le deuil et la souffrance, nourris des mêmes sentiments, devaient être un jour ennemis mortels.

Ce qui précède se passait un peu avant la prise de la Roche-Derrien que j'ai narrée. La chute de cette place et les atrocités qui l'accompagnèrent n'abattirent pas le courage de Jeanne de Penthièvre. Elevant son génie à la hauteur du danger, elle donne l'ordre qu'on reprenne à tout prix la Roche-Derrien. Assiégée de nouveau, la place tombe, après un combat des plus sanglants, au pouvoir de ses soldats. Cela ne suffit pas à la vindicative princesse : les guerriers de Montfort, lors du premier siège, avaient saccagé, incendié la ville et massacré la garnison ; la peine du talion sera appliquée aux vaincus. La malheureuse cité est livrée encore une fois au pillage, ses défenseurs sont égorgés et de nouvelles atrocités vengent celles commises par le parti de Jean de Montfort.

Pendant ce temps sa veuve ne resta pas inactive. Depuis qu'elle a à ses côtés son vaillant fils, on ne la voit plus chevaucher parmi ses preux, le glaive en main, mais elle continue à vivre au milieu des camps, animant chefs et soldats de son ardeur belliqueuse, leur indiquant les batailles à livrer, les villes à prendre.

Le combat des Trente eut lieu trois ans après la reprise de la Roche-Derrien (1350). Charles de Blois était encore captif. Philippe VI de Valois était mort. Son fils, le duc de Normandie, lui avait succédé sous le nom de Jean II.

Les chroniques ne disent pas si Jeanne de Penthièvre et sa rivale y assistèrent. On peut supposer qu'elles ne se tinrent pas loin de là, car leur intérêt le plus cher était en jeu dans ce carnage. Peut-être se trouvaient-elles, attendant anxieusement son issue, Jeanne de Penthièvre à Josselin qu'occupaient les Bretons, Jeanne de Montfort à Ploërmel où commandaient les Anglais, c'est-à-dire à égale distance de l'une et l'autre ville, et, puisque nous faisons des hypothèses, pourquoi ne pas admettre qu'elles firent partie de la noblesse des deux sexes venue en foule des extrémités de la Bretagne pour voir de près le combat? J'ai raconté, d'après d'Argentré, que des sauf-conduits furent délivrés aux seigneurs et aux nobles dames avides « d'assister à ce grand spectacle ».

Il y eut trêve, d'ailleurs, entre les partis pour l'accomplissement du sanglant défi et les deux éternelles ennemies n'auraient couru, ni l'une ni l'autre, danger d'être retenues prisonnières.

A supposer que les choses se soient passées ainsi, quelle atroce angoisse dut étreindre le cœur des princesses à la vue de ces braves se massacrant sans merci et dont le succès ou la défaite importait à un si haut point à leur honneur! Se figure-t-on, après la lutte, l'état d'esprit de l'altière veuve de Montfort, accourue pour jouir du triomphe de ses Anglais bien-aimés et assistant à l'anéantissement de Bamborough et des siens?

La victoire des Trente fit taire l'arrogance insupportable des Anglais, qui cessèrent pendant une année toute hostilité. Mais cela ne faisait pas le compte de Jeanne de Penthièvre. Rallumée par elle la guerre continua plus acharnée qu'auparavant. Charles de Blois venait de recouvrer la liberté moyennant une rançon de cent mille florins (onze cent mille francs) et l'envoi, à Londres, de ses deux fils comme otages.

Ce pieux personnage n'aurait pas mieux demandé que les affaires de son parti se fussent arrangées à l'amiable, mais il lui fallut de nouveau revêtir l'armure, chevaucher.

Au bout de quatre années d'une lutte nouvelle et après le désastre de Poitiers, las de guerroyer, pressé de retourner à ses saintes œuvres il convint, pourtant, avec son rival, de jouer la couronne de Bretagne dans une rencontre suprême, définitive. Le choc devait avoir lieu dans les plaines d'Evran. L'intervention des évêques bretons l'empêcha. A leurs sollicitations, un arrangement fut conclu, d'après lequel la Bretagne serait partagée en deux, à Charles de Blois, Rennes ; à Montfort, Nantes (1364).

Informée de l'événement, Jeanne de Penthièvre, qui ne voulait pas de transaction, accourut furieuse, traita de félonie la conduite de son mari et fit rompre le pacte. Voilà encore la guerre déchaînée! Elle durait depuis bientôt vingt-quatre ans.

Elle se termina enfin quelques mois plus tard par la bataille d'Auray (septembre 1364), horrible boucherie où Charles perdit la vie avec un millier au moins de ses partisans, où du Guesclin et cent autres chevaliers bretons furent faits prisonniers.

Le corps de Charles de Blois, dépouillé de ses riches vêtements, fut trouvé couvert d'un horrible silice, enlacé de cordes avec des nœuds remplis de pointes de fer.

Croit-on que l'écrasante défaite de son parti abaissa l'orgueil de Jeanne de Penthièvre? Nullement. Au traité de Guérande, qui régla, l'année suivante, la succession du duché de Bretagne, elle éleva, par l'organe de ses représentants, d'arrogantes et insoutenables prétentions.

Mais Charles V, qui avait succédé à Jean II et n'avait pas, comme Philippe VI, des raisons personnelles de soutenir la vaniteuse princesse, l'abandonna prudemment. Elle dut se contenter du comté de Penthièvre, de la vicomté de Limoges et d'une rente de dix mille livres. Quant à la couronne de Bretagne, elle fut adjugée à son exécré rival, Jean de Montfort (son cousin) qui régna sous le nom de Jean IV. Quelle fin pour une telle ambition et quel enseignement!

Singulière destinée! Des deux ennemies, l'une, Jeanne de Penthièvre, investie par Jean III du duché de Bretagne, choix que confirmèrent les pairs et les barons du royaume, se vit déposséder par le sort de la guerre; l'autre, Jeanne de Mont-

fort, exclue des droits de son mari par le même
duc, triompha dans la personne de son fils en dépit
de l'arrêt du Parlement confirmant cette exclusion.

Au milieu du triomphe du nouveau duc, que
devint la veuve de Montfort, son illustre mère ? Le
vit-elle seulement ? Eut-elle la suprême joie de con-
templer la ruine de sa rivale ? Non. Malgré le
silence criminel des historiens sur la fin de l'héroïne d'Hennebont, il paraît certain qu'elle mourut
enfermée au château de Tykill dans le comté
d'York !

Cela résulte clairement d'une ordonnance
d'Edouard III, roi d'Angleterre, adressée à « son
fidèle » Willelm Frank, constable de ce manoir
et relative aux dépenses de Jeanne de Montfort
ainsi que de sa maison pendant son séjour au château. C'est le seul titre qui existe touchant la disparition de la comtesse.

Telle est pourtant la reconnaissance des rois.
Quel fut le mobile d'Edouard en faisant enfermer
celle qui avait été son plus fidèle, son plus énergique appui ? Sans doute l'appréhension de voir
l'habile et courageuse femme s'opposer aux projets
de sa perfide politique, projets dont la réalisation
devait être si funeste à son pupille.

Que penser aussi de ce fils ingrat, qui permet l'emprisonnement de sa mère et la laisse mourir entre les murs d'une forteresse, pour jouir fastueusement d'un triomphe qu'elle a préparé, réalisé par son génie ?

Il est à noter qu'à l'époque de son internement, à cinquante lieues de la cour de Londres, Jeanne de Montfort possédait en Angleterre tout le comté de Richemont.

Avec sa mort ne finit pas la guerre. Le traité de Guérande, qui avait fait cesser les hostilités, n'amena qu'une trève.

Elles recommencèrent en 1369, du Guesclin venait de rétablir sur le trône de Castille, Henri de Transtamare, frère naturel de don Pèdre le Cruel, et dépossédé par celui-ci.

Jean IV, inféodé à ses amis les Anglais, s'empressa de leur ouvrir le chemin de la France à travers ses états. Il s'aliéna ainsi toute la noblesse bretonne et jusqu'à son ami d'enfance, Olivier de Clisson, qui conclut avec du Guesclin un pacte de *fraternité d'armes*. Ce pacte fameux fut signé à Pontorson, après que tous deux eurent bu de leur sang mêlé dans une coupe pour « bailler foi et serment de leur corps ». Depuis ce moment,

7

Clisson mit une rage sanguinaire à combattre les Anglais.

Ce fut une guerre sans merci ni pitié. Les deux nouveaux alliés enlevèrent à leurs ennemis la plupart des places bretonnes qu'ils possédaient. Il ne resta plus à ceux-ci que Brest et Auray.

Repoussé de ses sujets, abandonné de ses alliés mêmes, Jean IV, banni du royaume, erra à l'aventure, délaissant le duché de Bretagne aux mains de l'Anglais Robert Knolles. Tout semblait à jamais perdu pour lui lorsqu'une révolution soudaine lui rendit son trône.

La cause fut l'abus que fit Charles V de son triomphe. Au lieu de respecter l'autonomie de la Bretagne qui, par la déchéance de Montfort (Jean IV) devait passer aux mains de la comtesse de Blois, petite-fille, comme lui, du duc Arthur II, ainsi que cela avait été stipulé au traité de Guérande, il confisqua le duché au profit de la couronne de France et la cour des pairs, par un arrêt du 26 décembre 1378, consacra cette injustice, déclarant Jean IV coupable de lèse-majesté.

Cette violation réveilla en sursaut la vieille Armorique, qui se souleva en masse pour recouvrer son indépendance. Oncques ne vit pareil

soulèvement. En vingt-quatre heures s'évanouit la
popularité de Charles V et des Français. Les plus
grands noms de la Bretagne vinrent se mêler
à cette immense prise d'armes. Tous jurèrent
de mourir pour la défense du *droit ducal* de
Bretagne.

Jean IV, sollicité par une députation de la
noblesse bretonne de revenir en Armorique, quitta
l'Angleterre, où il vivait misérablement et fut ra-
mené triomphalement (23 juin 1379). L'enthousiasme fut extraordinaire à son retour dans ses
états.

Spectacle inouï et digne d'admiration : l'illustre
Boiteuse (Jeanne de Penthièvre), son éternelle
ennemie, dont il avait vaincu et dépossédé l'époux,
fut la première à venir au devant de lui. Elle le
rencontra à Dinan, lui pressa les mains et le salua
au nom de la patrie bretonne qu'il venait venger.

Disparue de la scène de l'histoire, on la croyait
morte et voilà que, foulant aux pieds ses ressenti-
ments, elle apparaît tout à coup pour affirmer sa
fidélité au pacte fondamental, constitutif du duché
de Bretagne, sa haine envers les spoliateurs.

Devant une telle levée de boucliers que pouvaient le courage, la gloire de du Guesclin et de

Clisson ? Les troupes françaises, dépourvues d'enthousiasme, lâchèrent pied au premier choc.

Le connétable, découragé, pénétré de l'ingra-
titude et de l'inconséquence du rôle qu'on lui
faisait remplir, s'en alla combattre les Anglais en
Guyenne. Dans cette nouvelle guerre, fidèle à sa
haine, il était au moins logique. Il mourut, peu de
temps après, d'une fièvre pernicieuse au siège de
Châteauneuf-de-Randon, dans le Gévaudan (1380).

Voilà Jean IV remonté au pinacle, mais par
son amour incorrigible des Anglais il ne tarda pas
à compromettre son triomphe. Il les rappela de
rechef.

Abandonné de nouveau par ses sujets, il signa
le second traité de Guérande (1381) par lequel il
s'engagea à éloigner définitivement ses compro-
mettants amis.

Sur ces entrefaites mourut la glorieuse comtesse
de Blois (Jeanne de Penthièvre), laissant le souvenir inoubliable d'une grande âme, d'un sublime
caractère mis au service d'un droit vaillamment
défendu, d'exploits noblement acquis, mais rendus
inutiles par la fortune contraire. Qu'importe, en
somme, le malheur quand il mène à l'immortalité.
La grandeur d'une cause se mesure surtout à

l'éclat de sa renommée. A ce compte, celle de la courageuse veuve de Charles de Blois est une des plus imposantes de l'histoire. Sa mort eut lieu en 1384.

Jean IV en profita pour s'emparer de ses biens. Clisson, indigné, résolut de le détrôner et de mettre à sa place Jean de Penthièvre, fils de la Boiteuse. Pour cela il paya la rançon de ce jeune homme à Richard II, roi d'Angleterre, qui le retenait prisonnier, puis il lui donna en mariage sa fille Marguerite.

Furieux, le duc de Bretagne lui tendit un infâme guet-apens. Un jour qu'il l'avait invité à visiter le château de l'Hermine qu'il faisait bâtir au bord de la mer auprès de Vannes, il le mena dans une des tours sous prétexte de voir le point de vue, puis, lorsque Clisson, sans méfiance, en eut franchi devant lui le seuil et monté les premiers degrés, il l'y enferma et le plongea dans un noir cachot. Beaumanoir, accouru pour délivrer le prisonnier, eut le même sort.

Sauvé de la mort par la pitié d'un homme d'armes nommé Bazvalan, envoyé pour l'égorger, et rendu libre par son rival qui était revenu à des sentiments plus humains, Clisson s'empressa de

batailler. Il reprit tous les châteaux que Jean IV
lui avait enlevés. Enfin, les deux anciens amis,
devenus ennemis implacables, se réconcilièrent
solennellement à Tours (26 janvier 1392).

Cette réconciliation, on le pense bien, n'était
pas sincère, du moins de la part de Jean IV. Dans
la nuit du 14 juin 1393, Clisson faillit être assassiné par Pierre de Craon, comme il sortait de
l'hôtel de Saint Pol, résidence du roi Charles V. Il
reçut plus de quarante coups de poignard. Le
meurtrier prétexta une vengeance personnelle, à
savoir son renvoi de la cour du duc d'Orléans,
frère du roi, qu'il attribuait à Clisson, mais personne ne le crut. Le sentiment général, au contraire,
fut que l'auteur de l'attentat avait agi à l'instiga-
tion du duc de Bretagne.

Ce qui le prouva c'est que, Pierre de Craon,
condamné par contumace, s'étant réfugié à la cour
de ce prince, celui-ci refusa de le livrer. Une armée,
commandée par le roi Charles VI en personne, se
mit en marche contre Jean IV. Le duc fut sauvé
par la folie de ce monarque, survenue, chemin
faisant, dans la forêt du Mans, mais il fut disgracié
et son immense fortune servit de prétexte à une
accusation de concussion.

Il mourut à Nantes en 1399. Son fils, issu de
de son mariage avec Jeanne de Navarre, lui succéda
sous le nom de Jean V.

Ainsi finit cette longue et sanglante rivalité
pour la couronne ducale de Bretagne. Elle clôtura
le désastreux XIVᵉ siècle.

SAINT YVES

Ce siècle avait commencé par la mort d'un personnage que la Bretagne ne saurait oublier. Je veux parler de Yves Hélory, patron des avocats, le modèle des prêtres, le saint le plus populaire du calendrier breton.

Saint Yves était né au manoir de Kermartin près Tréguier (Côtes-du-Nord), sous le règne de Jean le Roux. Il étudia les décrétales, la théologie, le droit civil à Rennes, Orléans, Paris et fut official (juge ecclésiastique) dans la première de ces villes.

Bon jusqu'à se dépouiller pour secourir les malheureux, à se priver de manger pour les nourrir,

les cherchant sur les grands chemins quand il ne
les ramassait pas, couchés à sa porte, il les recevait
dans sa propre maison ; mais le caractère particulier
du saint homme, qui en fait un type unique de bien-
faisance, c'est qu'il était aussi retors que bon.

Nul plus apte que lui à débrouiller une téné-
breuse affaire. Redouté pour sa connaissance
profonde des lois, sa finesse, sa perspicacité, il
était la terreur des plaideurs de mauvaise foi et
il se plaisait à mettre son savoir au service des
pauvres gens.

Il plaida plusieurs causes rendues célèbres par
son talent à les faire triompher, notamment celle de
la veuve de Tours. Elle vaut d'être la peine contée :

La pauvre femme avait accepté de deux gredins
le dépôt d'une sacoche pesante et fermée à clef.
Elle devait ne la remettre à l'un ou à l'autre que
tous deux fussent présents, mais, le premier étant
passé devant sa porte avec plusieurs marchands et
lui ayant demandé le sac sous prétexte de faire
un paiement en leur compagnie, elle le « bailla »
sans méfiance, et ne le revit plus. On devine
le reste ; l'autre survint et invectiva la veuve,
prétendant que ce sac contenait douze cents francs
d'or et des papiers de grande importance.

« Adjournée devant le lieutenant du baillif »
de Touraine, où saint Yves se trouvait pour soutenir un procès en appel, elle recourut à lui dans
sa détresse. Voici le stratagème qu'il imagina :

Il déclara que la veuve avait retrouvé la pré-
cieuse sacoche, mais qu'elle ne la remettrait au
demandeur qu'en présence de son compagnon,
comme cela avait été convenu. Le juge fit droit à
sa requête. Étonnement du coquin, qui resta
consterné et décela, par sa mine piteuse, au ma-
gistrat sa mauvaise foi ; en effet, la sacoche était
pleine de vieux clous et de ferraille. Tremblant
pour sa peau il en fit l'aveu ce qui ne l'empêcha
pas d'être « pendu et étranglé » au gibet de Tours.
Cruel supplice pour un sac de clous !

Yves Hélory fut félicité, admiré, proclamé le
premier parmi les avocats. Il mourut curé de
Lohennec en 1308, sous le règne du duc Jean II
et fut canonisé à l'universelle demande de ses
compatriotes, dont le duc Jean III consentit à se
faire l'organe auprès du pape.

On montre aujourd'hui au manoir de Kermartin, propriété de la famille de Quélen, son lit,
son bréviaire et son testament.

DU GUESCLIN

Une vingtaine d'années avant la mort du saint breton par excellence, était né le plus grand capitaine du siècle, breton comme lui. J'ai nommé Bertrand du Guesclin.

Sa personnalité est trop intimement liée à la guerre de Blois et de Montfort, que je viens de résumer et dont il fut le plus glorieux champion, pour qu'il n'en soit pas parlé avec détail dans cet ouvrage consacré à la Bretagne.

Mon but n'est pas de conter ses exploits, connus de tous. Je veux seulement mettre en relief son caractère ferme, inébranlable comme le granit de sa terre natale, son esprit fait de précision, de clairvoyance et de finesse, son humeur, mélange de douceur et de dureté, d'abandon et de prudence. En analysant ces qualités de nature si opposée, en indiquant à la volée, les événements historiques où elles brillèrent plus particulièrement, je ne ferai que mettre en lumière les vertus de la race bretonne dont il fut le type le plus parfait. Cet exposé ne sera donc pas un hors-d'œuvre.

Physiquement, il était laid, mais d'une laideur sympathique. De taille moyenne, trapu, les jambes un peu tortes, il avait le nez écrasé, les yeux verts, le front bombé et une force musculaire herculéenne. A dix ans il valait un homme et il pouvait terrasser à la fois dix enfants de son âge. Ses poings, quand ils frappaient, avaient le poids d'une massue. Il était aussi agile que fort, ce qui le rendait encore plus redoutable.

Il naquit à la Motte-de-Broon, entre Lamballe et Montauban, en 1320. Il était l'aîné de dix enfants dont six filles. Son père appartenait à une ancienne noblesse. Il avait à Rennes un oncle qui le chérissait. C'était un preux avide de joutes, de tournois, expert en ces jeux favorables au développement de la force corporelle, bref un batailleur.

Du Guesclin passa son enfance en Armorique. Indiscipliné, querelleur il était le désespoir de ses parents, la terreur des domestiques paternels, qu'il rossait sous le moindre prétexte. Puni, un jour, et relégué pendant le repas de la famille dans un coin obscur, il fut plaisanté par ses frères et sœurs. Furieux, il ne prononce pas une parole, saute à pieds joints sur la table, renverse les assiettes, les coupes, les chaises, chasse les moqueurs qu'il bouscule les uns sur les autres et, s'asseyant à la place d'honneur, se repaît avidement en face de ses parents consternés.

Entouré constamment d'une bande de vauriens choisis parmi les plus robustes, il se met à parcourir les routes, provoquant les voyageurs à se battre. Quand il ne trouve pas d'aventure, il contraint ses compagnons, rangés en deux camps, à se ruer les uns contre les autres.

La manière dont il commença à se rendre célèbre est originale. Il y avait tournoi à Rennes à l'occasion du mariage de Jeanne de Penthièvre. Il était en pension chez son oncle, un des tenants de cette joûte. Voulant y prendre part et n'ayant pas d'armes il va, les larmes dans la voix, supplier un chevalier, qui se retirait de la lice, de lui prêter

les siennes. Il réussit ; ainsi équipé, fièrement
campé sur le cheval du paladin, prêté également,
il apparaît dans le champ clos, visière baissée. Le
premier adversaire qui se présente est son oncle.
Bertrand l'a reconnu à son écusson. Il abaisse sa
lance et passe outre, intriguant la noble assistance.

Le second, qui venait d'être douze fois vainqueur, fait tomber du premier choc le casque de du
Guesclin. Celui-ci prend du champ, passe au galop
de son destrier tout près de lui, le saisit de la
main gauche, l'enlève de selle et le jette, pante-
lant, dans l'arène. L'assemblée le salue de ses
vivats, les trompettes sonnent, les bannières s'agitent gaiement. Reconnu, félicité, il est proclamé
le roi du tournoi et son oncle, rayonnant de fierté,
l'embrasse publiquement.

Tel fut l'adolescent. Le voici devenu homme.
J'ai dit qu'il était très clairvoyant. La première
preuve qu'il en donna fut à l'occasion de son choix
dans la querelle de Blois et de Montfort. Il lui
fallait se décider entre les deux rivaux ; impossible
de rester neutre à cette époque de guerre acharnée.
Il venait d'être armé chevalier à Montmuran. Il
n'hésita pas. Tout de suite il se rangea du côté de
Charles de Blois, neveu du roi de France. C'était

pourtant combattre contre ses chers Bretons, contre son pays, mais dans sa lumineuse pensée il entrevoyait déjà la réalisation de l'unité française, l'englobement de sa patrie d'origine dans la patrie franque et puis c'était l'assouvissement de sa haine contre les Anglais, alliés de Montfort, ses plus mortels ennemis. Ce fut celle de toute sa vie et l'on peut dire que jusqu'à son dernier souffle il y resta fidèle.

A partir de ce moment on le voit constamment à l'affût des occasions de leur nuire. A-t-il connaissance d'un parti d'Anglais engagé imprudemment sur quelque route ou d'un château fort du voisinage occupé par leurs soldats? Vite il accourt, fond comme la foudre à la tête de partisans aussi dévoués qu'audacieux sur l'une et l'autre proie, massacre, incendie, pille et cela avec la conscience sereine du devoir accompli. Il devint bientôt la terreur du nom anglais.

Ce fut au cours d'une de ces excursions qu'il délivra la ville de Rennes assiégée par le duc de Lancastre. Ce hardi coup de main donne la mesure de sa promptitude d'action, de son courage.

Il se trouvait à quelques lieues de là avec une centaine de compagnons. Averti par un bourgeois

8

fugitif que la garnison était affamée et réduite à la
dernière extrémité, il fait diligence et arrive au
petit jour au camp anglais plongé dans le sommeil.
Il se rue à l'improviste sur l'ennemi, brûle ses
tentes, égorge tous ceux qui veulent résister, puis
il court aux provisions, tue leurs gardiens et enlève
les charretées de grain, de viande, de vin, etc.,
qu'il introduit, tout en ferraillant, dans la place
dont on s'était empressé de lui ouvrir les portes.
Une fois enfermé dans ses murs, il la défendit si
bien qu'il obligea Lancastre à lever le siège au
bout de quelques semaines (1357).

Cet exploit eut un immense retentissement et
posa du Guesclin comme un homme de guerre
consommé. Il lui amena aussi de nombreux partisans. De tous côtés les seigneurs bretons vinrent
se ranger sous sa bannière et il eut ainsi une imposante troupe avec laquelle il put faire la guerre
régulière. Elle s'accrut rapidement et forma une
véritable armée, rendue invincible par la confiance
qu'il lui inspira.

Il ne renonça pas pour cela à la guerre d'escar-
mouche, de surprise qu'il affectionnait et au moyen
de laquelle il fit tant de mal aux Anglais, témoin
le fait d'armes suivant :

Un jour, impuissant à prendre d'assaut le château de Fougerais et sachant que le gouverneur, un Bamborough, frère de celui de Mi-Voie, était sorti avec une partie de la garnison, il habille ses guerriers de blouses de toile grossière, alourdit leurs épaules de bûches de bois et, déguisé, chargé comme eux, il se présente à la poterne. Les Anglais manquaient de chauffage. Pris pour de pauvres bûcherons, du Guesclin et les siens sont introduits sans méfiance dans la citadelle. On soupçonne le reste. Jetant bas leurs fardeaux et tirant leurs armes de dessous leurs blouses, nos intrépides compagnons se ruent sur les Anglais étonnés et en font un grand carnage.

Au moment où le gouverneur rentrait avec ses soldats, apparaissait un gros de troupes du parti de Blois, qui lui livra bataille et, aidé par du Guesclin, le força de rendre la forteresse.

Je cite ce trait pour d'ssiper une erreur fort accréditée à savoir que notre Breton fut le type parfait de l'ancienne chevalerie, le paladin par excellence, se battant pour se battre, insouciant du résultat de la rencontre, généreux follement, naïvement.

C'est tout le contraire. Jamais capitaine ne sut

mieux que lui préparer la victoire et en tirer profit.
Sans doute il combattait bien pour l'honneur, ce
preux passionné de gloire, mais dans le succès ce
qu'il recherchait, c'était moins son prestige, ses
enivrements que ses avantages.et il savait merveilleusement les exploiter.

Doué d'un grand sens pratique, il estimait qu'il
fallait faire la guerre avec l'unique préoccupation
du but à atteindre. Peu lui importaient les moyens,
qu'il subordonnait d'une façon implacable à l'uti-
lité. Livrer bataille pour lui, c'était tuer le plus
d'ennemis possible. Ce n'est pas à dire qu'il man-
quait de générosité, mais quand il lui plaisait d'en
faire usage, il opérait de façon à ne pas être dupe.

On vit rarement dans un seul homme assemblage de qualités si opposées : la prudence et l'au-
dace, le sang-froid et l'impétuosité, la franchise et
la finesse. On peut dire qu'il appliqua à la guerre,
dans un temps d'ignorance barbare, les procédés
de la stratégie moderne et cela naturellement, par
une suprême intuition. Il devança son époque.

Il excellait à choisir son terrain et son heure,
à prendre ses dispositions pour la bataille, à profiter
des hésitations, des fautes de l'adversaire et à le
tromper sur ses véritables intentions. Il ne laissait

rien au hasard. Ses moindres mouvements étaient combinés et répondaient à une nécessité tactique. Il le montra surtout à la bataille d'Auray, où il fut vaincu pourtant par la faute de Charles de Blois, qui employa prématurément ses réserves et détruisit ainsi les sages dispositions qu'il avait prescrites.

Pourtant cet homme de ressources, ce batailleur madré manqua parfois de prudence. Emporté par son impétuosité il lui arriva de s'aventurer trop dans la mêlée et deux fois il fut fait prisonnier.

Où il montra son esprit délié, fertile en expédients, ce fut surtout dans l'affaire des *Grandes Compagnies*. On sait quelles étaient ces bandes : un ramassis d'aventuriers de toutes les nations, véritable lie composée de mendiants, de voleurs, de meurtriers, anglais et saxons en grande partie. Repoussés des terres anglaises et bretonnes, ils avaient envahi les pays fertiles du centre de la France qu'ils occupaient en maîtres, vivant de pillage. Conduits par des chefs consommés dans l'art de la guerre et auxquels finirent par se mêler des seigneurs de marque attirés par l'appât du gain, ils étaient un véritable fléau.

Du Guesclin obtint de Charles V de se mettre à leur tête et de conduire ces hordes en Castille

pour rendre à Henri de Transtamare son trône
usurpé par son frère don Pedro, surnommé le
Cruel en raison de son caractère sanguinaire. C'était
détourner le torrent dévastateur.

Il s'y prit avec une habileté extraordinaire. Il
alla trouver ces bandits à Chalon-sur-Saône où
leurs chefs étaient campés. Ceux-ci célébraient
dans une orgie une razzia récente et productive. Il
n'hésita pas à choquer le verre avec eux. Pénétrés
d'admiration pour sa renommée ils ne voulurent
pas boire avant lui. Il les remercia, riant dans sa
barbe du bon tour qu'il allait leur jouer, car il
supposait bien que, dédaigneux du danger, braves,
ils se battraient comme des enragés et se feraient
tuer ; qu'ils continueraient, sous le ciel brûlant de
Castille, de se livrer à leurs débauches habituelles
et trouveraient là un autre risque de mort, ce qui
débarrasserait de cette engeance le roi Charles V
son maître.

Par l'appât de deux cent mille florins promis
au nom de ce monarque et du butin considérable
devant résulter de l'expédit° il les entraîna facilement, mais il fallait les di. ipliner, chose difficile.
Il y réussit par l'ascendant de son génie et l'aide
de ses fidèles Bretons. Ce dut être un curieux spec-

tacle que cette tourbe de malandrins conduits par un preux, et lequel ! celui qui fut l'incarnation la plus pure de l'honneur guerrier.

On connaît cette étonnante campagne. D'abord vainqueur de don Pedro, qu'il chassa d'Espagne et qu'il força à se réfugier à Bordeaux auprès du prince de Galles qui y tenait sa cour, il fut vaincu à Navarette par les Anglais, alliés du monarque castillan et surtout par l'indiscipline des troupes espagnoles. Fait prisonnier il fut superbe dans la négociation de sa rançon, offerte gracieusement par le prince anglais, grand admirateur de ses talents.

Invité à la fixer lui-même, il la taxa à cent mille doubles d'or.

— Mais c'est la rançon d'un roi, lui dit le vainqueur.

— Je la vaux bien, ne vous déplaise, répondit Bertrand.

— Allons ! vous plaisantez, je vous tiens quitte pour le quart.

Mais le Breton n'en voulut rien rabattre.

— Soit, vous êtes libre, lui dit le prince, mais comment trouverez-vous pareille somme ?

— En remettant Henri de Transtamare sur le trône de Castille, car je le ferai, je le jure. Il me

prêtera bien pour cela cinquante mille florins. Le
roi de France, mon maître, m'avancera le reste,

> Et de tant vous dis bien, je m'en ose vanter,
> Que si je ne pouvoie à ces deux-ci aller,
> N'a fileresse en France qui sache fil filer,
> Qui ne gaignoit ainsi ma finance à filer !

Et le prince dut accepter les cent mille doubles,
s'écriant, avec toute sa cour émue d'admiration :

> Quel homme est-ce que je vois ci ester ?

Le premier usage que du Guesclin fit de sa
liberté fut d'aller se mettre à la tête de ses bandits
et de les ramener au combat, car il voulait remplir
sa promesse. Cette fois il vainquit don Pedro à
Montiel et remit Henri de Transtamare sur le trône.
Pendant la mêlée, le premier avait été tué par le
second.

Au retour de cette guerre, du Guesclin fut
nommé connétable de France. Il était alors à l'apo-
gée de sa gloire. Quelques années après il reprit
aux Anglais la Guyenne, la Saintonge, le Poitou,
le Périgord, le Ponthieu et toute la Bretagne moins
Brest.

En même temps mouraient deux des plus mortels ennemis de la France, le roi d'Angleterre,
Edouard III, et le prince de Galles.

Du Guesclin, disgracié malgré ses triomphes, pour avoir reproché à Charles V la confiscation du duché de Bretagne, lui renvoya fièrement son épée de connétable. Le roi eut la sagesse de la refuser.

On a vu que le héros breton mourut la même année (1380) sous les murs de Châteauneuf-de-Randon, qu'il assiégeait.

Sa mort fut noblement touchante. La voyant venir il rassembla autour de son lit ses principaux capitaines et leur fit ses adieux, les exhortant à bien servir le roi de France, à ne voir d'ennemis que dans ceux dont le métier était de faire la guerre, à épargner les laboureurs, les femmes, les enfants, et toutes autres personnes incapables de se défendre.

A Olivier de Clisson, son cher et fidèle compagnon d'armes, il adressa ces paroles : « Le roi vous » cognoist pour un grand et vaillant homme et » n'avez nul besoin de ma recommandation, ne » pouvant rien adjouter à son affection. Vous lui » direz que je suis bien marry que je ne lui ai faict » plus longtemps service. Si Dieu m'en eust donné » le temps j'avais bon espoir de lui vuider le » royaume de ses ennemis d'Angleterre. Il a de

» bons serviteurs, qui s'employeront de même que
» moi, vous messire Olivier pour le premier. »

Il baisa ensuite son épée de connétable, qu'il
remit à Clisson, et exhala le dernier soupir. Il avait
soixante-six ans.

Le lendemain le gouverneur de la forteresse,
qui s'était engagé à la rendre, vint en déposer les
clefs sur le cercueil de l'illustre Breton.

Embaumé au Puy-en-Velay, le corps de du
Guesclin fut amené en grande pompe à Paris et
inhumé dans les caveaux de Saint-Denis au milieu
des rois de France.

Ce guerrier redoutable connut l'amour. Marié
avec une noble damoiselle de Dinan, la belle
Tiphaine Raguenel, il l'aima tendrement. Elle était
fille de Robin Raguenel et de Jeanne de Dinan,
héritière de la Bellière, aussi remarquable par son
esprit « que par ses grâces ». Elle était surnom-
mée la *fée*, « tant elle était savante et habile de-
vineresse ».

Du Guesclin ne fut pas seulement le plus grand
capitaine de son temps, mais un profond politique.

JUDICAËL

Sur les confins du Morbihan, et de l'Ille-et-Vilaine, près du bourg de Plelan-le-Grand, s'étend la forêt de Paimpont, reste des immenses halliers de Brocéliande ou Brécilien, célèbre dans les romans de la Table-Ronde.

Avant de parler de cette forêt et des souvenirs qui s'y rattachent, je dirai quelques mots du village dont elle porte le nom.

Paimpont, jadis Pen-Pont, du mot celtique *pen* (tête), parce qu'il était le principal endroit de la commune, en est encore le chef-lieu.

L'origine du pays fut une vaste abbaye dont

on attribue la fondation à Judicaël, fils du roi
breton Hoël, qui mourut dans un cloître et fut
canonisé.

Une chronique rapporte que le roi de France
Dagobert lui ayant déclaré injustement la guerre,
il marcha résolument du fond de l'Armorique au-
devant des troupes envoyées contre lui, les battit
et les chassa jusqu'au Mans ; qu'une seconde armée
royale, commandée par le duc de Chartres fut exterminée aux environs de Laval dans une embuscade tendue par Budic, comte de Cornouailles,
lieutenant de Judicaël : « Exempt d'ambition, il
» revint en Bretagne après sa victoire et renvoya
» au monarque franck, sans rançon, le duc qui
» avait été fait prisonnier. Emu de sa noble con-
» duite, Dagobert voulut le voir et lui envoya
» saint Eloi son ministre, qui l'emmena à la cour.
» Il fut reçu par le roi avec toutes sortes d'hon-
» neurs. Touché par les vertus et la piété de saint
» Ouen, familier de Dagobert, il abdiqua la cou-
» ronne après son retour en Armorique et entra
» au monastère de Gaël. »

Telle est la tradition. L'impartiale histoire attribue à Judicaël moins de grandeur d'âme. La vérité
c'est que les Bretons ayant, durant les vendanges

de 537, 538, 540, dévasté, selon leur habitude, les territoires de Rennes et de Nantes, le roi Dagobert qui venait d'exterminer dans les plaines de Poitiers les Wascons unis aux Aquitains insurgés, résolut de prévenir les révoltes des guerriers d'Armorique. Il expédia des messagers à Judicaël pour « lui » signifier qu'ils se hâtassent d'amender ce qu'ils » avaient fait de mal et de se remettre en son pou- » voir, sinon que l'armée de Burgondie, qui avait » été chez les Wascons, se jetterait sur la Bretagne ». Judicaël, malgré le prestige et la puissance dont il disposait, n'osa braver les armes des Francks et vint humblement trouver Dagobert à la métairie royale de Clichy « avec de beaux présents » et il promit « que lui et son royaume de Bretagne seraient toujours soumis à Dagobert et aux Francks ».

Toutefois le roi d'Armorique ne voulut point s'associer aux somptueux repas du monarque libertin et aima mieux partager la table du référendaire Dade, autrement appelé Audoën, ami de saint Colomban, disciple de saint Eloi, depuis évêque de Rouen et qui est connu sous le nom de saint Ouen. Saint Eloi avait montré un grand talent de négociateur en amenant Judicaël à faire sa soumission. Le roi l'en récompensa en le nommant évêque de Noyon. Judicaël mourut (658), dans un monastère qu'il avait quitté (632) pour reprendre sa couronne après la mort de son frère Salomon.

Quant à la fameuse embuscade où seraient tombés les Francks, le chroniqueur s'est trompé. Il veut parler, sans doute, de l'un des épisodes que voici, des deux peut-être, et qui eurent lieu en 590, sous le règne de Chilpéric, mari de Frédégonde, pendant la guerre contre les Bretons, dont le roi Warok lui avait refusé tribut.

Fils de Mac Liaw et comte de Vannes, ce Warok fut un héros de l'indépendance armoricaine. Nature bizarre : son génie était un mélange d'astuce et de brutalité. Il fit aux Francks une guerre terrible. Embusqué dans le fond du pays de Vannes, instruit par ses espions des moindres mouvements des troupes de Chilpéric, il les laissa s'avancer sans méfiance dans cette contrée, hérissée de bois, coupée de ravins, de fondrières, et, lorsqu'il les eut à sa merci, il fondit sur elles de tous côtés et les tailla en pièces. L'attaque eut lieu comme elles sortaient d'un long et sombre défilé.

Beppolen, gouverneur de Rennes et de Nantes pour le roi franck, qui commandait le principal corps, fut tué, la plupart de ses compagnons pris, égorgés ou noyés dans la vase des marais. Le combat avait duré deux jours.

Hebraher, lieutenant de Beppolen, qui devait le rejoindre au début des opérations, ne le fit pas, par trahison, dit Grégoire de Tours. Il en fut cruellement puni. Quand il voulut regagner le pays de Nantes, il fut assailli par Warok au moment de repasser la Vilaine à gué et son arrière-garde fut détruite complètement.

Enfin, à la traversée de la Mayenne, une partie de l'armée francke, attaquée à l'improviste par les Angevins, qu'elle avait rançonnés à son premier passage, perdit dans une embuscade un grand nombre de soldats. (Grégoire de Tours, livre IX.)

Les Bretons Kimris, ou bretonnants (de la Domnonée) remportèrent de la Haute-Bretagne un butin considérable. Originaires du pays du cidre, ces barbares, friands des bonnes choses, voulurent goûter le vin capiteux des coteaux de la Loire. Ils coupèrent avec leurs épées toute la vendange et l'emportèrent en Armorique pour en savourer plus à leur aise le jus exquis.

Non loin de Paimpont sont les communes de Thélin et de Kon-Kored, célèbres chacune à sa manière.

Certaines clairières de la région mystérieuse composant actuellement le pays de Thélin étaient restées si longtemps ignorées de leurs voisins qu'une sorte de république de paysans avait pu s'y maintenir ; c'était celle de Thélin. Les Thélandais se gouvernaient eux-mêmes et, chaque année, réunis auprès d'une fontaine, ils élisaient par acclamation les administrateurs publics ; leurs propriétés étaient communes. Mais dès que leur isolement cessa, ils perdirent à la fois leurs privilèges et leurs mœurs ; l'ancienne république de Thélin n'a laissé qu'un nom.

Le nom de Kon-Kored, que l'on écrit Concoret, signifie Vallon des Fées. Cette paroisse est fameuse par le souvenir d'Eon de l'Etoile, qui y naquit. Ce gentilhomme prétendait être le fils de Dieu. Se proclamant le Messie, il parcourut, prêchant sa doctrine, la Bretagne, le Poitou, la Saintonge, etc.; c'était vers 1140. Il fit des prosélytes, à qui il enseignait sa religion. Les habitants de Concoret sont appelés « les sorciers dans tout le pays de » Vannes, depuis le XIIe siècle à cause de la très » grande part qu'ils prirent à l'hérésie d'Eon ». (Emile Souvestre.)

EON DE L'ÉTOILE

Cet illuminé vécut d'abord dans un monastère voisin de Concoret et dont on montre les ruines. Le chef de cette communauté ayant voulu l'envoyer dans le couvent de Paimpont, il refusa d'y aller et quitta le cloître pour se faire chef de religion. Ses adeptes furent nombreux et ardents. Il les qualifiait du titre d'apôtres, puissances célestes, et les distinguait par des appellations symboliques comme celles-ci : *Science, Jugement, Sagesse, Vertu,* etc. On ne sait quelle était sa doctrine. Les écrivains qui se sont occupés de lui ont négligé de nous la faire connaître. Otho de Freisingen, chro-

niqueur allemand, qui fut évêque de cette ville,
raconte sérieusement dans sa chronique, composée
de sept livres, qu'Eon avait le pouvoir de se transporter d'un bond à des distances prodigieuses, de
se procurer de l'or à volonté.

Ce singulier personnage vivait avec ses disciples dans la forêt de Brocéliande près Concoret.
Il leur enseignait la magie ; mais il ne bornait pas
là ses occupations. Il faisait aussi en leur compagnie des excursions nocturnes sur les terres du
clergé et des nobles et les pillait congrûment, ce
qui causa sa perte. Arrêté par ordre du duc de
Bretagne en 1148, il fut conduit au Concile de
Reims, présidé par le pape Eugène III. Là, sa
morgue ne l'abandonna pas. Invité à se nommer,
il répondit qu'il « était celui qui jugeait les vivants
et les morts ».

Il avait dans la main un long bâton fourchu.
Le président lui demanda ce qu'il voulait en faire.
Il dit :

« C'est le sceptre du monde : quand les deux
» pointes sont tournées vers le ciel, Dieu est maître
» des deux tiers de l'univers et ne me laisse que
» l'autre tiers ; mais, quand elles sont tournées
» vers la terre, je possède la meilleure part et je

» ne laisse à Dieu que la plus petite. » Et il débitait ce discours avec une autorité, une emphase qui faisaient rire les juges.

Son cas était grave : il s'était fait en prêchant çà et là, un grand nombre de partisans. Dans sa doctrine entrait beaucoup de sorcellerie. En outre, il enseignait les sciences occultes.

Estimé fou plutôt qu'hérétique, il fut enfermé dans une prison et y mourut. On traita ses disciples plus cruellement que lui-même. Condamnés au feu, ils se laissèrent conduire tranquillement vers le bûcher, confiants en la parole d'Eon, qui leur avait fait accroire qu'ils avaient le pouvoir de commander les éléments et que les flammes s'écarteraient d'eux à leur injonction ; ils ne recouvrèrent la raison qu'en sentant le feu les dévorer.

.

LA FORÊT DE PAIMPONT

Il me tarde de vous entretenir de la forêt de Paimpont. Les fables répandues sur son passé et aussi les curiosités qu'elle renferme font qu'elle mérite de fixer tout particulièrement l'attention. Là se trouvaient : la *fontaine de Baranton,* « dont l'eau, constamment bouillonnante, était agitée de frissons magiques » ; le *val des Faux-Amants* ; le *tombeau de Merlin,* l'enchanteur ; la *fontaine de Jouvence;* les ruines du château de Comper, ancienne forteresse féodale, qui fut vingt fois assiégée, prise, reprise et, finalement, démantelée par ordre du roi Henri IV ; les forges de Paimpont, propriété successive d'un grand nombre de familles princières, etc.

C'est une des plus vastes de la Bretagne, qui en contient pourtant un grand nombre, bien qu'elle ne soit plus qu'un débris de l'ancienne forêt qu'ont immortalisée la chronique, la poésie et qui, en 540, sous le règne du roi breton Hoël III, séparait la Bretagne en deux parties depuis Gaël, capitale du royaume de Domnonée, jusqu'à Corlay, au fond des Côtes-du-Nord, occupant un espace de trente lieues de long sur quinze de large. Elle se composait alors, en outre, de la forêt de *Brécilien*, appelée plus tard *Brocéliande* puis *Paimpont*, de celles de *Loudéac*, de *Boquien*, de la *Hardouinaye*, de *Moncontour*, de la *Nouée*, etc., et englobait une vingtaine de communes au moins.

C'est à la pointe occidentale de la forêt de Brocéliande que se trouve la fontaine de Baranton. La tradition rapporte qu'elle était fréquentée par les fées venant y mirer leurs frais visages, les paladins de la *Table-Ronde*, qui devisaient avec le fameux Arthur ou Artus, leur chef, de combats et prouesses accomplis en l'honneur de la chevalerie, enfin par l'enchanteur Merlin, l'amant malheureux de la fée Viviane. C'est là, sous les chênes séculaires qui abritaient son onde, que tous deux se confiaient leur amour. On connaît la triste destinée du premier. Poète et ménestrel, c'est-à-dire capricieux et volage, Merlin fut parjure à sa foi et, pour l'en punir, « la fée l'endormit d'un sommeil magique au pied d'un buisson d'aubépine ».

La fontaine vaut qu'on la décrive.

On y montait, dit la chronique, par un riche perron de marbre blanc ; « la margelle était en
» émeraude ; son eau, puisée dans un bassin d'ar-
» gent et répandue sur les marches, amenait
» l'orage, le tonnerre : un arbre, au feuillage épais,
» l'ombrageait de ses rameaux entrelacés. Abat-
» tues, dispersées par la tempête, ses feuilles
» poussaient et reverdissaient aussitôt, plus fraî-
» ches, plus vivaces qu'auparavant ».

La source n'est plus agitée de *frissons magiques,* mais elle bouillonne par intermittence à la surface. Le phénomène est curieux ; il s'explique tout naturellement : les couches d'eau sont composées de nombreux débris végétaux. L'air, les pénétrant, transforme l'oxygène en acide carbonique, qui se dissout rapidement en raison de la hauteur de la pression, extrêmement grande, et l'évaporation de ce gaz produit à la partie supérieure un bouillonnement tumultueux. C'est bien un véritable frisson, en somme, et la fable n'a pas tort ; elle ne s'est méprise que sur la cause.

On le voit, ici encore elle offre un fond de vérité. Il en est de même de la plupart des légendes, principalement de celles d'Armorique et c'est ce qui en fait l'indicible charme. Observateur par caractère, le Breton se plaît à méditer les phénomènes de la nature, à en rechercher la cause et cette dernière tendance domine l'autre ; sa philosophie est doublée d'observation. Quand il a ainsi interrogé le fait matériel, il n'a de satisfaction que s'il parvient à en découvrir le mystère, et il apporte dans cet effort une véritable passion. Tels étaient nos aïeux. Ignorants et simples avec une forte dose de superstition, incapables de trouver la raison scientifique des phénomènes terrestres, ils leur attribuaient, et cela se conçoit, une cause surnaturelle ; telle est l'origine de la Légende.

L'idée de fées bonnes ou mauvaises, bienveillantes ou malfaisantes, c'est-à-dire du bien et du mal incarnés dans des créatures charnelles, mais invisibles, constitue le fond de toutes les mythologies. En raison du caractère religieux des habitants de l'Armorique, la leur offre un cachet particulier vraiment original ; l'état de l'âme, sa destinée après qu'elle a cessé d'habiter le corps, telle est la donnée invariable sur laquelle reposent les légendes celtiques.

Les *Lavandières de minuit,* horribles mégères qui, vêtues de linceuls, appellent, dans les ténèbres, le passant attardé, pour les aider à tordre le suaire des trépassés et brisent les poignets à l'imprudent qui a répondu à leur appel ; les *Korigans,* les *Poulpiquets,* nains difformes qui dansent en bande, la nuit, dans les champs de blé, guettant le voyageur pour l'englober dans leur ronde infernale ; la *Chasse du roi Artus,* avec son attelage de chevaux noirs parcourant les airs dans un galop effréné ; toutes ces créatures sont pour incarner des *âmes en peine,* c'est-à-dire vouées pendant un certain temps à l'expiation de fautes commises pendant leur cohabitation avec le corps et restées impardonnées.

C'est très touchant cette préoccupation constante du lendemain de la mort.

Cette digression m'a éloigné de mon sujet. La fontaine de Baranton, présentement abandonnée, disparaît presque sous les ronces et les herbes sèches. Elle est à l'extrémité d'une bande inculte.

Du haut de la colline au pied de laquelle elle

se trouve, le regard embrasse un magnifique panorama, l'un des plus beaux de la forêt : c'est, en
bas, Concoret, dont il a été parlé plus haut; au bout
de l'horizon, Gaël; à gauche, la commune de
Mauron et, en arrière du monticule, le hameau
poétique de Tréhorenteuc.

Cette localité, placée dans l'origine sous le
patronage de sainte Onenna, fille d'un roi breton,
est dans un site charmant, sur les confins de
l'Ille-et-Vilaine et du Morbihan. Coupé en tous
sens de coteaux, de vallons ombreux, ce pays
ressemble à un véritable parc.

J'ai nommé Gaël. C'était, en l'an 540, la capitale du royaume de Domnonée, la résidence de
Hoël III. Arthur ou Artus, le fameux monarque
de la Grande-Bretagne, l'ami, le protecteur de
Merlin, y fixa également son séjour. Il y vivait
entouré des chevaliers de la *Table-Ronde,* ordre
qu'il avait fondé.

Domnonée signifie en celtique *vallée profonde.*
C'était le nom dont on appelait autrefois le terri-
toire de la Bretagne s'étendant de la rivière du
Couësnon à celle de Morlaix (Quefflent) et qui
formait encore en 1789, les évêchés de Dol, de
Saint-Malo, de Saint-Brieuc et de Tréguier.

Ce royaume était immense. Hoël jouissait d'une grande réputation de courage et d'équité.

Que reste-t-il de toute cette splendeur d'autrefois ? Rien qu'un souvenir.

Cette réflexion me remet en mémoire le poète François Villon. Dans trois ballades d'une superbe monotonie il évoque, lui aussi, le passé.

Dans la première, il demande où sont les femmes illustres du temps jadis, où est Flora, la belle Romaine, où sont Thaïs, Echo, Héloïse, Blanche, Berthe la fileuse, Alix et tant d'autres, et il répond par ce refrain :

> Mais où sont les neiges d'antan ?

Dans la seconde, il s'enquiert des hommes. Il demande où est le pape Calixte, où sont Alphonse d'Aragon, Arthur de Bretagne et Lancelot, et Charles VII, et du Guesclin, le bon Breton, et il répond :

> Mais où est le preux Charlemagne ?

Dans la troisième ballade, il demande où sont les chevaliers, les hérauts, les trompettes et il s'écrie tristement :

> Autant en emporte ly vens !

Nous aussi, nous sommes tenté de le dire : Où

sont le royaume de Domnonée, et Hoël le Grand, et Arthur l'invincible ?

Hélas ! le temps a emporté monarchie, rois, preux et sujets. Des quatre évêchés il en reste un : Saint-Brieuc. Les autres ne sont plus que de modestes cures. Les cathédrales se dressent mornes, silencieuses, au milieu de véritables solitudes.

Celle de Dol, toute de granit, décèle son glorieux passé par la majesté de sa structure et le développement de son enceinte, mais la mousse et l'herbe croissent dans les interstices de ses pierres désagrégées ; le lierre enlace ses antiques arceaux.

Du sommet de ses tours on aperçoit un splendide panorama : au premier plan, le Mont-Dol, gracieuse proéminence avec de grands arbres, à l'ombre desquels s'étalent, enfoncées dans les plis capricieux du sol, de gentilles maisonnettes ; au delà, une immense plaine qui fut jadis baignée par la mer et qu'on appelle les *marais* de Dol. Planturcuse est sa végétation, entretenue, activée par les couches de sel profondes qu'y a déposées le flot fugitif ; à gauche, la jolie route de Saint-Malo, qui serpente, longeant la côte, à travers les pittoresques hameaux du Vivier, de Hirel, de Vildée, de Saint-Benoît-des-Ondes et, dans le lointain, la mer, dont les vagues *moutonnent* en flocons.

O mer, élément charmant et terrible en présence duquel il est impossible de ne pas demeurer rêveur! Tu évoques fatalement un monde d'idées, d'impressions, de souvenirs. Amie de l'homme, tu le berces mollement sur tes vagues dociles; ennemie, tu l'engloutis avec son esquif en tes profondeurs! Tu symbolises ses passions, changeantes comme tes flots; ses illusions, éphémères comme tes accalmies, lugubres dans leurs déceptions comme tes tempêtes. Messagère de la civilisation, tu portes le progrès jusqu'aux bornes du monde; instrument de barbarie, tu prêtes aux hommes pour s'entretuer dans des combats navals la mobilité, la puissance de tes flots, mais tu es quand même la chose aimée! Par la contemplation de tes vagues se heurtant en sens contraire, différentes de formes, d'allures, de sonorité, par ton imposante unité, ton sublime murmure, tu exaltes l'âme et lui révèles l'infini.

Du Mont-Dol on voit aussi, au bout de l'Océan, le Mont-Saint-Michel, imposant dans sa masse faite de roc; sur sa droite Granville et la côte normande; en face, séparés par cinq lieues de mer, Saint-Malo et la côte bretonne; Cancale, son bourg, juché sur un rocher à pic, sa *Houle*, mouvementée, bruyante avec sa jetée qui s'avance dans la mer comme un mât de beaupré.

Mais voilà que j'oublie la mystérieuse forêt de Paimpont.

J'en étais resté au poétique hameau de Tréhorenteuc. Un village, situé à proximité, s'appelle l'abbaye de Tellouet. Le site est charmant. On y voit, en effet, les ruines d'un prieuré qui dépendait autrefois de celui de Saint-Sulpice-des-Bois.

Un peu plus loin est le château de Comper, célèbre dans les guerres du Moyen âge. Une chronique rapporte qu'il fut habité en 870 par le roi breton Salomon.

Démantelé par du Guesclin vers 1375, il fut reconstruit par Raoul VI, premier seigneur de Montfort, qui y édifia un temple protestant. Pris au XVIe siècle par les Ligueurs, qui y soutinrent un siège contre le maréchal d'Aumont, il fut enfin rasé par ordre de Henri IV, pour venger la mort de celui-ci. C'était son meilleur ami. Le maréchal avait reçu dans la tranchée une balle d'arquebuse : il mourut des suites de sa blessure à Rennes.

Il ne reste de l'antique et redoutable manoir

que quelques tours lézardées et couvertes de lierre.
Les douves, qui constituaient le fossé, sont dessé-
chées... Sur l'emplacement de la forteresse s'élève
une gracieuse habitation de plaisance dans le style
du xvᵉ siècle.

Pour s'y rendre, en venant de l'étang du Pas-
du-Houx, on traverse les villages du *Loup-Pendu*
et de *Trompesouris*. L'origine de ce dernier nom
est un conte d'après lequel un pauvre paysan avait
commencé de bâtir à cet endroit un moulin pour
moudre du blé. Il manqua d'argent et ne put l'ache-
ver, ce qui fit que les souris, accourues en foule
dans l'espoir d'y vivre dans une farineuse abondance, furent trompées dans leur attente et durent
déguerpir.

Six kilomètres séparent Comper de Saint-
Malon; il y en a quatre en pleine forêt. Là, dans
une vallée sinueuse, au milieu de la mousse et de
la verdure, est la fontaine de Jouvence, délaissée
maintenant, et dont l'onde rajeunissait ceux qui
s'y baignaient. Comme celle de Barenton, elle est
presque ensevelie sous les ronces. Autrefois, sur
la lisière de la forêt, près d'un étang dont les rives
étaient plantées de grands arbres, se trouvaient
d'importantes forges fondées au commencement

du xvii⁰ siècle et qui furent l'apanage de riches et
puissantes maisons : de Montfort, de Rieux, de la
Trémouille, d'Orléans. En 1860, quand j'ai visité
ce pays, elles appartenaient à cette dernière famille.

Elles eurent longtemps une grande prospérité.
Il y a quarante ans, elles occupaient jusqu'à quatre
cents ouvriers. Elles ne fonctionnaient plus à
l'époque de mon voyage. Ce lieu, jadis si animé,
n'était fréquenté que par de pauvres bûcherons,
dont quelques-uns avaient leurs huttes autour de
l'ancienne usine. De celle-ci il restait seulement
deux ou trois corps de bâtiment. On le voit, le
voyageur, à chaque pas qu'il fait dans l'antique
forêt, rencontre un souvenir triste. Partout la trace
d'un délaissement, l'image de la mort [1].

La route qui longe la partie de la forêt où
étaient les forges, s'élevait autrefois à pic pendant
plus d'un kilomètre. Cette montée s'appelait la côte
du *Secret*. Elle était tellement escarpée que les
voyageurs descendaient de *diligence* (de voiture)

[1] Consulter comme guide pour visiter cette curieuse forêt
l'intéressante brochure de M. A. ORAIN, membre de la Société
d'études du Finistère : *Une Excursion dans la forêt de Paimpont.*

et la gravissaient pédestrement. Il n'y avait pas encore de chemin de fer dans cette contrée. C'était le temps des voyages pittoresques. En montant cette terrible côte, les messieurs donnaient le bras aux dames. On causait du paysage, des impressions du voyage accompli dans un continuel contact à cause de l'exiguïté de ces diligences, véhicules beaucoup moins larges que nos anciens omnibus, et plus d'un roman d'amour s'est ébauché pendant ces discrets colloques. La route dont je parle est celle de Rennes à Vannes.

Ce qui distingue la forêt de Paimpont entre toutes et en fait le charme particulier, irrésistible, c'est la grande quantité d'étangs qu'abritent ses ombrages. Le plus vaste est celui du Pas-du-Houx, situé sur la gauche de Paimpont. Il a près de deux kilomètres de long : un véritable lac. Quant aux cours d'eau, aux sources jaillissantes, il y en a tant qu'on ne les compte pas. Les sources de Néant, nom d'un village situé sur la lisière de la forêt, méritent une mention. Elles sont bien connues des voyageurs. Venues de points éloignés et réunies en un petit lac à cet endroit, elles tombent en cascade dans la vallée avec un doux murmure. Les arbres entrelacent au-dessus de l'eau leurs

10

verts rameaux formant un dôme rustique. Ce lieu
est vraiment enchanteur. C'est là que se trouve le
val des Faux-Amants, autrement dit Sans-Retour,
et où restait captif tout chevalier traître à sa foi.

Le prieuré de Paimpont eut jadis sa célébrité.
Il dépendait, dans le principe, des abbés de Saint-
Méen. Il fut, au XIIIᵉ siècle, érigé en abbaye, puis
en paroisse. Cette communauté tomba en ruines
vers le XVᵉ siècle. Reconstruite bien plus tard, elle
disparut définitivement en 1789. L'église de Paimpont est encore celle de l'ancien prieuré. On montre
aux touristes les stalles du chœur. Elles sont d'une
architecture remarquable.

Le tombeau de Merlin est situé à deux kilomètres du village de Saint-Malon. C'est un débris de
dolmen à moitié détruit.

MERLIN L'ENCHANTEUR

Ce travail serait certes incomplet si je ne vous parlais avec quelque développement de ce personnage fameux et de son rôle considérable.

Le vicomte de la Villemarqué, membre de l'Institut, a publié sur le barde breton un volume très intéressant et plein d'érudition. C'est une œuvre de profond savoir, de *haulte gresse,* comme aurait dit Rabelais, et qui a dû obliger son auteur à des recherches considérables, Merlin appartenant beaucoup plus à la légende qu'à l'histoire. L'élévation des idées, la hauteur des considérations auxquelles s'élève l'écrivain font que la lecture de ce livre, très intéressante pour les lettrés, offre souvent de l'aridité à ceux qui ne le sont pas ou qui recherchent avant tout, dans les ouvrages littéraires, une distraction au labeur quotidien, un délassement de l'esprit.

J'offre à mes lecteurs ce résumé substantiel, que j'ai fait tout mon possible pour rendre attrayant.

Merlin fut une grande figure. Il a passionné pendant neuf siècles les esprits en Armorique, en Gaule, en Italie, en Espagne et, comme cela arrive généralement pour les personnages légendaires, il a grandi à travers les âges dans l'imagination populaire, de telle sorte que sa renommée était plus grande à mesure que le temps s'éloignait de l'époque où il vécut.

Son rôle, ses aventures, ses prophéties, ses malheurs ont été célébrés sous toutes les formes, par la chronique, la poésie, la chanson, la gravure, et ont charmé pendant près d'un millier d'années nos ancêtres, le soir, à la veillée; le jour, pendant leurs travaux ou leurs loisirs.

Légende à part, Merlin fut un zélé patriote et c'est là le secret de sa véritable grandeur. Sublime dans son amour de la patrie celtique, il se montra ardent jusqu'à l'exaltation, jusqu'au fanatisme et

mourut victime de cette passion dont ses compatriotes avaient fini par ne plus partager l'exagé-
ration.

La postérité a été plus équitable. A ses malheurs
elle a accordé le respect ; à son patriotisme, l'immortalité.

Son véritable nom était Ambroise, dit Marzin
ou Merlin (par corruption). Marzin vient de *Marse,*
qui dérive lui-même de *Marsus,* nom donné dans
l'antiquité à un demi-dieu, sorte de génie familier,
qui avait la spécialité de composer des remèdes
avec les plantes, de guérir les maladies, notamment
les morsures de serpents. Il connaissait aussi la
magie.

Un peuple d'origine médique, germanique ou
phénicienne croyait descendre de lui. On nommait
Marsi ceux qui le composaient.

Au commencement de l'ère chrétienne un Marse,
pour les gens instruits de la Germanie, était un
enchanteur de serpents.

Au vi° siècle, en Grande-Bretagne, on trouve
ce nom avec la signification de *charmeur.* Plus
tard le mot Marse devint synonyme d'enchanteur.

En Armorique, il devint Marzin. La mythologie
de ce pays fit, elle aussi, de ce type un dieu. Il

connaissait l'art de travailler les métaux. Il apprit
aux hommes « à lier, avec de la terre vive, le fer
à l'acier ». Il fabriqua entre autres, l'*épée magique*,
tant chantée par les bardes.

Merlin naquit dans l'île des Bretons. On s'ac-
corde à dire que l'endroit fut l'ancien pays des
Silures, dans la partie sud de la contrée de Galles,
sur la côte méridionale de la Cambrie (nom donné
par les Romains aux Gaëls de la Grande-Bretagne).
Leur capitale est aujourd'hui Caerléon.

L'époque de sa naissance fut entre 470 et 480.
Son père descendait de quelqu'un de ces magistrats
romains qui gouvernaient l'île à la fin de l'Empire.
Sa mère, une vestale, aurait violé ses vœux. Pour
éviter le supplice attaché à sa faute, elle usa d'une
supercherie analogue à celle employée par la mère
de Romulus. Elle dénonça pour son séducteur l'un
de ces génies vénérés du peuple et que ses juges
ne pouvaient renier sans paraître athées. Le châ-
timent fut évité pour elle et son complice, qui
aurait dû avoir la tête tranchée.

Ambroise fut d'abord attaché comme barde à
un prince fameux, nommé par les Bretons indigènes
Eimbreiz Guletick et *Ambroisius Aurelianus* par
ceux qui parlaient la langue latine. Ce fut, sans

doute, ce prince, vanté par l'écrivain Gildas, peu
bienveillant cependant pour les rois bretons, qui
chassa les Saxons envahisseurs de la Grande-
Bretagne. Seul survivant de sa race, exterminée
au commencement de l'invasion, il rassembla les
débris épars de sa nation et se mit à leur tête.
Douze ans il combattit. Enfin, dans une grande
bataille livrée auprès d'une ville importante à
l'embouchure de la Saverne, il mit les Saxons en
fuite. La victoire fut si complète, le nombre des
ennemis tués si considérable qu'ils abandonnèrent
aux Bretons indigènes toute la côte occidentale de
l'île.

Ambroise prit le nom du prince qu'il servait.
Son office avait la nature féodale de ceux que remplissaient d'ordinaire les poètes auprès des chefs
de tribus celtiques.

Avec l'âge il se rapprocha des anciens bardes,
ou druides bretons, au point qu'il finit par en
incarner absolument le type, à savoir : un exalté
à la fois pontife, savant, philosophe, astrologue,
devin, prophète, ménestrel et guerrier. Comme eux
il avait une certaine affection nerveuse et mentale
qui se manifestait par l'extase, la catalepsie, et
qui vint augmenter les moyens d'action que lui

fournissait la science des anciens druides, trans-
mise par la tradition.

Les Bretons d'Armorique qualifiaient cette
extase de « mal sacré ». Quand elle s'emparait du
barde, son corps était pris d'un frisson quasi
magique, d'un ravissement infini qui doublaient
ses conceptions. Il avait alors la vision de l'avenir.

Merlin se distinguait par une intelligence supérieure et une science profonde. A la mort d'Ambroise Aurelien il s'attacha à la personne de son
successeur, qui paraît avoir été le fameux Arthur
ou Artus, chanté par les bardes de Bretagne et
d'Armorique. Il remplit auprès de lui évidemment,
les mêmes fonctions qu'à la cour de son premier
maître, mais avec un ascendant réel, dû à sa
renommée déjà assise, autant qu'aux services rendus au pays.

Les bardes, à leur office de poètes, de musiciens nationaux, ajoutaient celui de guerriers. Ils
marchaient à côté du monarque, le bouclier d'une
main, la harpe de l'autre, armés comme les autres
soldats; ils enflammaient le courage des troupes
par leur éloquence et leur prédisaient la victoire.
Merlin ne manqua pas à ce rôle.

Vainqueur de ses ennemis héréditaires, Arthur

eut à combattre ses propres sujets à l'occasion d'une révolte des Bretons du nord (Ecosse et Irlande). Ils envahirent le midi, renouvelant les ravages des Pictes et des Scots. On pense bien que Merlin ne resta pas neutre. Considérant les rebelles comme des ennemis de la patrie, il soutint Arthur et le poussa à la répression. Enflammant de sa parole passionnée les défenseurs de la cause royale, il ne s'aperçut pas qu'il fomentait la guerre civile, accomplissant une œuvre fratricide. Sa sanguinaire intervention amena, comme on le verra, son discrédit et sa perte.

Dans la première phase de cette guerre fut tué le frère de Gildas l'écrivain, nommé Hueil, qui briguait la couronne d'Arthur.

La seconde fut marquée par la compétition de Médrod, neveu de celui-ci, au trône ainsi qu'à la main de la reine. Le roi fut tué et sa mort entourée de mystère.

Dans la troisième période périrent le prestige et la gloire de Merlin, devenu l'objet de la haine, du mépris de ses compatriotes, indignés du sang qu'il avait fait répandre. Cela termina les terribles discordes auxquelles le barde avait tant contribué par ses chants.

Une bataille finale, livrée entre le Nord et le Sud dans les plaines d'Arderrid et où ses partisans furent vaincus, lui fit perdre la raison, déjà fort ébranlée par ses crises de catalepsie.

A partir de ce moment, il mena une existence déplorable, dénué de ressources, d'asile, forcé de se cache. dans les bois. Il a raconté ses malheurs. Le récit en est navrant. Parlant de ses tourments de chaque jour, il dit que les hommes placés sur son chemin lui « jetaient des pierres ».

Malade, vêtu de sordides haillons, la barbe longue et couverte de « gelée blanche », la face amaigrie, courbé par les privations, il errait dans les bois, disputant sa nourriture aux bêtes féroces, qu'il trouvait moins cruelles que ses semblables.

Un soir on le trouva mort au bord d'une rivière. Des pâtres de la race des Pictes l'avaient tué à coups de pierres.

Ces barbares étaient originaires de l'ancienne Calédonie, c'est-à-dire de la contrée montagneuse de l'Ecosse, située au nord de la Clyde.

Telle est l'histoire de Merlin. En dehors de ce qui précède tout ce qu'on a écrit sur son compte est pure fiction. Quoi! dira-t-on, ses amours avec Viviane, ses enchantements et ses prophéties, tout cela ne serait qu'invention, c'est-à-dire erreur, mensonge? Hélas! oui, il faut en prendre son parti pour rester dans la stricte vérité.

La tendre Viviane c'est la nature adorée par Merlin dans sa manifestation la plus charmante : la femme. Personnifiant les sentiments nobles et tendres, l'esprit supérieur des Celtes, il soupirait après la solitude, recherchant obstinément les claires fontaines, les frais ruisseaux, les profondeurs ombreuses des forêts et il représenta ainsi la science traditionnelle et le caractère contemplatif des anciens druides, le tendre hymen du génie celtique avec la nature.

Cette nature adorée, il aime à se la figurer sous l'apparence d'une fée « la fée des bois, la jeune fille plus blanche que le cygne blanc de neige » ; dogme charmant qui substitue à la sèche religion de l'esprit l'idéal celtique et chrétien de l'amour.

Ses amours avec Viviane ne sont donc qu'une légende. Naturellement celle-ci a grandi à travers les âges, chaque génération ajoutant au thème primitif sa part d'imagination.

Mais elle n'en est pas moins charmante. Arrêtons-nous-y comme le voyageur fatigué suspend sa route à la vue d'un poétique paysage.

VIVIANE

I

« C'était à l'entrée du mois de mai. Les oiseaux
» chantaient les pousses nouvelles, le feuillage
» s'agitait gaîment sous l'effort de la brise, les
» ruisseaux murmuraient doucement. Merlin che-
» minait le long d'un vert sentier, en quête d'aven-
» ture. La pensée lui vint de faire comme la saison,
» de se rajeunir, et il prit la figure ainsi que le
» costume d'un écolier en vacances.

» Il arriva ainsi à la forêt de Brocéliande.
» Auprès d'une claire fontaine abritée de chaume

» se tenait une jeune fille de grande beauté. Il
» l'accosta. Elle lui apprit que son père habitait,
» près de là, un riche manoir au pied de la mon-
» tagne; c'était une demeure assise dans un lieu
» solitaire, entourée de belles eaux et de grands
» arbres. Sa mère était une fée de la vallée qui la
» dota, à sa naissance, de trois dons d'un prix
» immense :

» Être aimée de l'homme le plus sage du
» monde ;

» Lui faire accomplir toutes ses volontés sans
» jamais subir les siennes ;

» Apprendre de lui toutes les choses qu'elle
» voudrait savoir.

» La jeune fille avait reçu le nom de Viviane,
» qui signifie en langue chaldéenne : *Je ne ferai*
» *rien*. Ce mot est une altération de celui-ci :
» *chœiblian* ou *vivlian*, expression celtique tra-
» duite par *nymphe* chez les Gallois.

» Inutile de dire que Viviane était séduisante.
» Elle avait de beaux yeux limpides, le teint frais,
» de longs cheveux blonds tombant en boucles sur
» ses épaules. Elle était si vive, si légère que lors-
» qu'elle marchait on eut dit un zéphyr courant
» sur le gazon.

» Merlin fut émerveillé. Il s'assit au bord de
» la fontaine. Elle fit de même. Elle lui dit que
» son père était un gentilhomme né dans le pays
» et lui demanda ce qu'il savait faire.

» Il répondit : « Toutes sortes de choses » et
» comme elle insistait pour les connaître, il dit
» qu'il pourrait construire tout de suite, sous ses
» yeux, un château et le peupler de tant de che-
» valiers qu'il serait imprenable ; ensuite faire
» couler une rivière où jamais goutte d'eau n'aurait
» été vue et marcher dessus sans se mouiller les
» pieds.

» Immédiatement il s'éloigna de quelques pas,
» traça sur le sol un cercle avec son bâton et
» revint s'asseoir auprès de Viviane.

» A peine avait-il repris sa place qu'une foule
» de dames, de chevaliers et de pages apparurent.
» précédés de musiciens enrubannés puis, chan-
» tant accompagnés des instruments, tous allèrent
» à l'endroit du cercle. Là ils dansèrent en rond.
» Pendant ce temps-là s'éleva sur la bruyère, tout
» d'une pièce, un magnifique château avec tours,
» créneaux et précédé d'un jardin délicieux, rem-
» pli de fleurs odorantes et d'arbustes, où passait
» une brise rafraîchie par l'eau de la fontaine.

» Viviane regardait les danseurs et le château
» avec admiration, sans prendre garde à la chan-
» son de ceux-ci qui signifiait : l'amour vient avec
» des chants et s'en retourne avec des pleurs.
    » La fête dura depuis le matin jusqu'au soir.
» Quand les danseurs furent fatigués, ils allèrent se
» reposer au château ; mais voilà que pendant la
» conversation de Merlin et de Viviane le château
» avait disparu. A la prière de son amie, Merlin
» lui accorda que le jardin fût conservé. Ils l'ap-
» pelèrent le *Jardin de joie,* puis il prit congé d'elle
» pour retourner auprès de son maître, le roi
» Arthur, qui avait besoin de ses services dans
» la Grande-Bretagne. »

II

Ses devoirs une fois remplis, Merlin revint au
Jardin de joie. Viviane l'attendait, impatiente. Il
la trouva encore plus belle que la première fois et
se mit à l'aimer follement.

Un déjeuner était servi sur l'herbe. Ils mangè-
rent tout en devisant.

Elle lui demanda de lui apprendre les secrets qu'il lui avait promis. Il lui enseigna à faire venir de l'eau où « jamais eau ne coula ; à changer de forme à son gré et à endormir qui elle voudrait ».

Avant d'accomplir ce dernier souhait, Merlin qui avait quelque méfiance, lui demanda pourquoi elle désirait sa réalisation. Elle répondit tendrement et en rougissant, que c'était pour endormir son père et sa mère chaque fois qu'elle voudrait le venir voir car, ajouta-t-elle, « ils me tueraient s'ils savaient que je vous aime ».

Elle mentait, comme on le verra bientôt ; mais il était amoureux, ce qui veut dire crédule. Toutefois il résista quelque temps, mais il céda et lui apprit les trois paroles à l'aide desquelles on endort. Il resta huit jours en sa compagnie, puis, il retourna en Grande-Bretagne.

Quand il revint les églantiers étaient en fleurs. C'était le printemps. Il avait pris, comme la première fois, sa mine éveillée et son costume d'écolier. Viviane le trouva si charmant qu'elle lui témoigna plus d'amour que précédemment.

« — Mon doux ami, lui dit-elle, il y a une chose que vous ne m'avez pas apprise et que je voudrais savoir.

11

» — Laquelle douce dame ?

» — Je voudrais connaître le moyen d'emprison-
ner quelqu'un sans pierre, sans bois et sans fer,
seulement par enchantement. »

Merlin, qui devinait sa pensée, repartit : « Je
» vois bien ce que vous voulez. Votre but est de
» me retenir, mais je vous aime tellement qu'il
» me faudra bien vous obéir. »

Elle lui sauta au cou, disant qu'il devait lui
appartenir entièrement, puisque, pour ne pas le
quitter, elle s'était séparée de son père et de sa
mère. Elle ajouta que sans sa présence elle mour-
rait. Il consentit à accomplir son nouveau caprice
et lui apprit comment elle devait s'y prendre.

Or, un jour qu'ils se promenaient, ils trouvèrent un buisson d'aubépines tout chargé de fleurs.
Ils s'assirent sous le feuillage. Merlin reposa sa
tête sur les genoux de Viviane, qui s'amusa à
passer et repasser ses doigts roses dans la blonde
chevelure de l'enchanteur. Elle finit par l'endormir.

Quand il fut plongé dans le sommeil elle se
leva, fit neuf fois le tour du buisson, tenant à la
main son écharpe qu'elle agitait, puis elle prononça
les paroles magiques que Merlin lui avait apprises;
ensuite elle vint s'asseoir à ses côtés.

Lorsque le barde se réveilla, la forêt, le château, le jardin avaient disparu et il se trouvait dans un manoir enchanté, couché sur un lit de fleurs, prisonnier d'amour de Viviane.

« — Ah ! lui dit-il, qu'avez-vous fait?

» — Mon doux ami, répondit-elle, je vous possède. Je ne vous quitterai jamais ! »

Ainsi finit la légende de Merlin.

Parlons des *prophéties* de Merlin. Peut-on les appeler ainsi? Non, assurément, si l'on prend le mot dans son sens exact.

Ce furent simplement des espérances, invariablement semblables à celles des bardes, ses devanciers. Elles consistaient dans l'idée inaltérable que la patrie bretonne redeviendrait grande et florissante ; que le Saxon, l'ennemi séculaire, serait chassé de la Grande - Bretagne. Ce thème se développa, se fortifia avec le temps. L'imagination du peuple, croissant avec les événements, l'a transformé, vivifié selon les circonstances, les impressions, les intérêts du moment et est devenue une autre légende.

Après Merlin, les bardes, tous ardents patriotes, continuèrent d'entretenir l'espoir des contemporains, leur donnant quelquefois la victoire, avec la foi qui enfante les miracles, ou, à défaut du triomphe, la patience à supporter les revers. Pour mieux convaincre, pour donner plus de crédit à leurs espérances, à leurs promesses, ils ne trouvèrent rien de mieux que de les placer sous l'égide du nom de Merlin, le plus grand de leur caste. Elles devinrent ainsi des prophéties. Avec ces mots : « Merlin l'a annoncé », ils décrétèrent la confiance.

Ce n'est pas tout. Ses continuateurs, au lieu de l'enfermer dans un cercle d'intérêts purement gallois, — car, il était du pays de Galles — (Grande-Bretagne), de lui faire prédire uniquement des événements de cette contrée avec des indications précises de dates, de localités, firent de lui le prophète de toute leur race. Les ménestrels de la Cornouailles et des frontières d'Ecosse y contri-buèrent pour une grande part.

Il ne faut pas oublier que les Armoricains et les Gallois avaient la même origine. Ils étaient Celtes. Les ancêtres des premiers avaient été chassés de la Grande-Bretagne, vers l'an 470, par l'invasion anglo-saxonne. Passant la mer ils étaient venus peupler l'Armorique. Ils ne pouvaient donc rester étrangers aux idées, aux espérances de libération formulées au nom de Merlin.

Cela explique aussi comment, né dans la Grande-Bretagne, il est devenu pour les Armoricains le représentant de leurs croyances les plus chères, la personnification la plus complète de leur génie.

Les bardes, successeurs de Merlin, en agissant comme je l'ai dit, étaient dans leur rôle. Confidents, conseillers, ambassadeurs, historiographes des princes, ils étaient des hommes politiques et avaient intérêt à flatter les instincts, les rêves populaires.

Au début la victoire d'Hastings et la conquête de l'Angleterre par Guillaume le Conquérant, qui en fut la conséquence, favorisèrent grandement leur entreprise. Merlin avait jeté ce cri en présence de ses compatriotes asservis par les Anglo-Saxons : « Notre nation se relèvera et elle chassera les Saxons. »

Quand les Bretons virent les préparatifs de Guillaume et de ses Normands, pour la descente d'Angleterre un enthousiasme indescriptible s'éleva des deux côtés du détroit. Ils répondirent par milliers à cette levée de boucliers, persuadés que Guillaume était l'exécuteur de la justice divine annoncée par Merlin. La victoire des Normands accrut encore leur enthousiasme et leur foi dans les promesses de l'enchanteur. Ils eurent beau s’apercevoir, quelque temps après, qu’ils n’avaient fait que changer de joug, celle-ci n’en fut pas ébranlée ; elle persista plus forte que jamais. Tel est le caractère de la crédulité à outrance, du fanatisme politique ou religieux.

On le vit bien par la sinistre aventure du jeune Arthur de Bretagne. Son terrible dénouement ne lassa pas ses compatriotes d’espérer.

Arrêtons un instant nos pas à ce triste et sympathique souvenir.

ARTHUR DE BRETAGNE

Ce prince était né le vingt-neuvième jour de
mars 1186, de Constance, héritière du duché de
Bretagne, mariée avec Geoffroy, troisième fils de
Henri II d'Angleterre (Plantagenet), qui venait de
mourir.

Les Bretons étaient impatients du joug qui pesait
sur eux depuis cette union. Traités en peuple con-
quis, ils concentraient sur leurs nouveaux maîtres
toute la haine qu'ils portaient aux Anglais et aux
Normands.

Après la prédiction relative au fameux roi Arthur
et à Konan, Merlin avait dit :

« De Konan sortira le sanglier de guerre; il
» aiguisera ses défenses contre les chênes de la
» Gaule; il coupera les grands arbres et protégera
» les arbrisseaux.

» Arabes et Maures trembleront à son nom. Son
» champ de course s'étendra bien loin au delà de
» l'Espagne. ».

Les Bretons, quand ils virent la duchesse Constance près d'accoucher, n'avaient pas hésité à croire
que le moment approchait de la naissance du sanglier de guerre prédite par les bardes. Le mois de
mars, où naquit l'enfant-duc, était précisément
l'époque où l'on célébrait la fête du grand saint
David, oncle du vieux roi Arthur, patron de toute
la Cambrie. Cette coïncidence avait frappé vivement les esprits.

La naissance du jeune prince avait donc été
annoncée avec une explosion d'enthousiasme considérable. Les ménestrels l'avaient célébrée dans
toutes les langues.

L'un de ces chants, tout en prophétisant l'arrivée
du sauveur tant promis, invoquait le passé glorieux
des Celtes, Cambriens ou autres, et provoquait
leur patriotisme à la révolte :

« Que tous se lèvent! qu'ils viennent avec leurs

» épées tranchantes exterminer nos ennemis les
» Anglais. Ne se sont-ils pas, depuis longtemps
» déjà, exercés au carnage des Saxons ?

» Venez, accourez tous ! Les Anglais se sont en
» grande partie détruits les uns les autres. Vous
» tuerez le reste. Montrez-leur de quelle vaillante
» race vous sortez !

» Jamais notre véridique Merlin ne s'est trompé.
» Il a annoncé depuis longtemps l'extermination
» de nos oppresseurs. Ne craignez donc rien. Le
» moment est venu.

» Si notre vaillant Arthur revenait, il n'y aurait
» aucune forteresse capable de lui résister. Il
» n'épargnerait aucun ennemi.

» Vous ferez comme lui. Vous frapperez sans
» merci. Dieu nous envoie un successeur digne de
» lui.

» Le nouvel Arthur séchera nos larmes et
» rendra au trône des Bretons sa splendeur. »

Ce fut un bien plus grand enthousiasme
lorsque l'événement tant attendu se produisit.
L'aïeul du nouveau-né avait voulu le faire baptiser
sous le nom d'Henri qu'il portait, mais les Bretons
s'y opposèrent, tenant à ce que l'enfant s'appelât
Arthur et le roi d'Angleterre Richard Cœur-de-

Lion, n'osa point aller contre leur volonté. Cette condescendance avait fort mécontenté les écrivains anglais de l'époque.

« Aujourd'hui, disait l'un d'eux, ses compa-
» triotes, la tête remplie des fausses promesses de
» Merlin, se nourrissent du vain espoir d'exter-
» miner les Anglais et de recouvrer par le vieil
» Arthur ressuscité leur pouvoir perdu. »

Les bardes, à la naissance du prince, s'étaient écriés effectivement: « Il est né notre Arthur! Il
» croît le rejeton sorti de la tige de nos rois. Il
» règnera comme eux sur nous. Il sera pour nous
» comme une ceinture de forteresses. »

Le nouvel Arthur fut élevé comme l'exigeaient les présages qui avaient entouré son berceau.

Par défiance des Anglais les barons de Bretagne l'avaient soustrait à la tutelle de son oncle, le roi Richard, et fait élever dans un château fort au fond de la Bretagne où il fut entouré des soins les plus tendres, les plus vigilants.

Il n'avait pas encore douze ans qu'un grand nombre de Bretons, dans leur impatience de voir se réaliser les promesses faites au nom de Merlin, s'étaient soulevés contre la domination anglaise. Richard Cœur-de-Lion, lui-même, par une fantaisie

toute royale, peut-être bien aussi par haine de
Jean sans Terre, son frère, avait laissé à sa mort
la couronne de la Grande-Bretagne à son neveu
Arthur et le roi de France Philippe-Auguste,
prenant sous sa protection ce jeune prince, rival
de Jean, l'avait armé chevalier de sa propre main.
Il l'avait en outre proclamé duc de Bretagne,
d'Anjou, de Poitou et envoyé faire ses premières
armes contre les Anglais en pays poitevin.

Hélas! toutes ces faveurs furent vaines et aussi
les prophéties des bardes abritées derrière le
grand nom de Merlin. On sait qu'Arthur de Bretagne fut assassiné par son oncle Jean sans Terre.
Ce crime est un des plus sanglants épisodes de
l'histoire de Bretagne.

L'adolescent comptait à peine dix-sept années.
Il était doué d'un visage agréable, courageux et
fort. Il assiégeait la place de Mirbeau, en Poitou.
que défendait Alienor d'Aquitaine, son aïeule et
sa plus implacable ennemie. Jean sans Terre, qui
venait d'arriver au secours de la ville, le fit saisir
traîtreusement pendant son sommeil avec une
vingtaine de ses chevaliers et enfermer au château
de Falaise.

La jeunesse, la beauté, le courage d'Arthur

attendrirent ses geôliers au point que l'un d'eux,
William Bruce, chambellan de Jean sans Terre, lui
sauva la vie. Le monarque anglais avait envoyé dans
la prison du malheureux prince des écuyers gagnés
au poids de l'or pour lui infliger le supplice
d'Abailard et ensuite lui crever les yeux. En les
voyant apparaître, le fils des rois bretons soupçonne leurs intentions. Il s'élance sur eux, met en
pièces le banc qui devait servir à sa mutilation
et, armé d'un de ses débris, il repousse les meurtriers. William Bruce entend le bruit de la lutte,
accourt et chasse à coups d'épée ces misérables.

Alors, le roi d'Angleterre résolut de ne s'en
rapporter qu'à lui-même, mais avant d'agir il
chercha par tous les moyens à faire renoncer le
prince à ses droits. « Abandonne, lui dit-il, de
» fausses prétentions à des couronnes que oncques
» ne porteras. Suis-je pas ton oncle? Je te ferai
» part d'héritage comme ton seigneur et te bail-
» lerai mon amitié. » L'enfant répondit dédaigneu-
sement : « Ton amitié? mieux me vaudrait la haine
» du roi de France; avec chevalier loyal toujours
» il y a remède de générosité. Jamais ne serai lâche
» au point de redire au droit que je tiens de mon
» père. Ce fut Geoffroy, votre frère aîné, aujour-

» d'hui devant le Seigneur. Angleterre, Touraine,
» Anjou sont miens de son chef et Bretagne de
» l'estoc de ma mère. Je n'y renoncerai que par
» la mort. »

Cette réponse décida son sort. Jean sans Terre
enleva Arthur à son loyal gardien et le fit transporter au château de Rouen. Ensuite il consomma
froidement l'assassinat.

Ce fut le soir du 3 avril 1203. Une lune pâle
argentait de ses reflets l'obscur coin de Seine au-
dessus duquel s'élevaient les vieilles murailles.
L'enfant, amaigri, épuisé par les privations et le
chagrin dormait profondément. Jean se dirigea
dans une barque vers la forteresse, accompagné
de Pierre Maulac, gentilhomme poitevin. Il s'était
enivré pour ne pas défaillir au moment du
meurtre. Parvenu au pied de la tour où était enfermé son neveu, il l'envoya chercher par son
compagnon.

En raison de son affaiblissement, Arthur eut
grand'peine à gagner le rivage. Arrivé à la barque,
il entendit une voix, celle de son oncle, qui lui dit :
« Venez çà, beau neveu, venez voir le jour que
» tant vous aimez. Je vous rends libre comme l'air
» et veux moi-même vous octroyer un royaume à

» gouverner. » Et, parlant ainsi, l'Anglais lui tendit la main.

Sans méfiance, le duc la saisit et entra dans le
bateau, mais à peine y eut-il mis le pied qu'au regard farouche de son oncle il comprit sa destinée.
La solitude du lieu aussi, la nuit lui avaient donné
des pressentiments. Il tombe en pleurant aux genoux de Jean sans Terre et demande grâce, mais
en vain. Celui-ci le saisit par les cheveux et or-
donne à Maulac de frapper; l'écuyer hésite, recule
épouvanté. Les cris du jeune prince lui déchirent
l'âme. Furieux, Jean tire son épée et la plonge
dans la poitrine d'Arthur; puis, aveuglé par le
sang autant que par la fumée du vin, il s'acharne
sur le corps de sa victime, qui avait expiré dès le
premier coup. Ensuite il jette le cadavre dans le
fleuve avec une pierre au cou.

Ainsi finit Arthur, roi d'Angleterre, duc de
Bretagne, de Normandie, comte du Maine, d'Anjou, d'Aquitaine. Ainsi Jean sans Terre prouva
aux Bretons qu'Arthur II n'était pas plus immor-
tel qu'Arthur Ier.

Eh bien, le sort lamentable de l'infortuné duc
étonna leur foi, mais ne leur enleva pas l'espérance.
Ils continuèrent de rêver d'indépendance, et leurs

bardes, parlant au nom de Merlin, se remirent à leur promettre le triomphe décisif. Ils eurent raison en somme : deux cents ans plus tard devait apparaître un troisième Arthur, Arthur de Bretagne, comte de Richemond, connétable de France, qui, poursuivant l'œuvre de Jeanne d'Arc, acheva de chasser pour toujours l'Anglais du pays de France.

Revenons aux prophéties attribuées à Merlin. Il est certain qu'elles furent pour beaucoup dans le meurtre du jeune duc Arthur. Évidemment Jean sans Terre, en le sacrifiant à la fleur de l'âge, obéit à un instinct de conservation personnelle. Il voulut supprimer un rival et sauvegarder son trône, mais il eut un autre mobile : empêcher l'accomplissement des malheurs annoncés comme devant l'accabler lui et toute sa race. Il était superstitieux et, sans l'avouer, il avait foi dans les pronostics mis dans la bouche de l'enchanteur, du barde par excellence, de l'illustre Merlin.

C'est ce qui arriva pour la vierge de Domrémy. Il est permis de penser que la parole du prophète armoricain concernant le sort des Anglo-Saxons assiégea l'âme de l'évêque Cauchon au moment de fixer celui de l'immortelle héroïne. Sans cela eût-il apporté dans le procès autant d'acharnement qu'il en montra? Se fût-il évertué à la faire passer pour sorcière, pour inspirée? Non. Il voulut se venger sur elle des menaces formulées par les bardes, parlant au nom de Merlin, contre les Anglais ses bons amis.

C'est que les fameuses *prophéties* avaient prédit l'avènement de la *Pucelle*. Merlin, qui détestait les Anglo-Saxons autant qu'elle, avait adressé au au roi Arthur les paroles mêmes que Jeanne devait prononcer devant le roi Charles VII : « C'est » le plaisir de Dieu que vos ennemis les Anglais » s'en aillent dans leur pays et, s'ils ne s'en vont » pas, il leur mécherra. » Faisant allusion à des fontaines dont les ruisseaux devaient noyer l'île de Bretagne, il avait dit : « Du bois Chenu sortira une » vierge qui arrêtera le fléau : on la verra ruisse- » lante de larmes de pitié ; elle poussera un cri ter- » rible qui remplira l'île. »

Cette allégorie, imaginée par les anciens bardes, attribuée par ceux du XII⁰ siècle comme un oracle à Merlin et modifiée dans un intérêt patriotique, était passée à l'état de chanson chez les Bretons dans d'autres contrées. Ce n'est pas tout : un bois épais du nom de celui désigné dans la prophétie susdite se trouvant en France, les bardes ne doutèrent pas que ce fût celui-là même dont avait voulu parler le patriote breton, et ils publièrent que le *bois Chenu* était « sur les marches de Lorraine[1] ».

Circonscrite de la sorte, nettement définie, la prédiction s'accommodait admirablement avec la mission de la Pucelle, qui était justement native du village auprès duquel se trouvait le fameux *bois Chenu*.

L'opinion de tous, savants ou non, fut donc que cet endroit était bien celui indiqué par Merlin, et c'est ce qui perdit l'héroïque Jeanne. Cauchon et les docteurs anglais, chargés de la condamner, n'auraient certes pas osé la faire brûler vive uniquement pour avoir combattu et défait les ennemis de la France; mais en la traitant comme une sorcière ils savaient ne point courir le risque de soulever la conscience publique. A cette époque de barbarie, on croyait les sorciers possédés du diable et la peine du bûcher seule était réputée suffisante pour les châtier de cet impur contact. Le peuple, dans

---

[1] *In libro ubi recitatur prophetia Merlini scriptum est quod debebat venire puella ex nemore canuto de partibus Lotheringiæ* (QUICHERAT, 2, III).

son fanatisme, et les compagnons d'armes de la
Pucelle, dans leur ignorance, furent donc moralement complices de son trépas. Ils durent penser
qu'elle était souillée de magie et assistèrent impassibles à son supplice.

Cauchon et ses acolytes ne négligèrent rien non
plus pour accréditer cette absurdité. N'avaient-ils
pas comme armes les prophéties attribuées à Merlin, le chantre sublime des destinées de la patrie
française et aussi les récits effroyables de ses com-
mentateurs? Le plus grand d'entre ceux-ci, Alain
de Lille avait écrit : « La Pucelle du bois Chenu
» aura une grande puissance de paroles. Elle agira
» par artifices, charmes, incantations de toutes
» sortes. Elle sera imbue de maléfices. Quelle
» qu'elle soit, elle aura la puissance de celles dont
» parlent à chaque instant nos livres de théologie.
» Elle sera une de ces magiciennes, de ces sorcières
» qui affolent les hommes et les font périr. »

La peur du diable, mais surtout la crainte de
l'héroïne annoncée comme devant débarrasser des
Anglais le sol de France, rendit féroces Cauchon et
ses assesseurs.

Jeanne n'ignorait pas les prédictions qui cou-
raient sur son compte. Aussi, quand ses juges la

questionnèrent à ce sujet, répondit-elle avec sa lumineuse intelligence *qu'elle ne croyait pas aux prophéties de Merlin.* Vainement ils voulurent, par tous les moyens, lui arracher un aveu compromettant. Quand ils lui parlèrent du *bois Chenu,* de la fontaine hantée, selon eux, par les esprits damnés et au bord de laquelle elle aimait à venir s'asseoir, des sortilèges qu'elle avait dû apprendre en leur société, des danses, des actes magiques auxquels elle avait participé, elle se borna à répondre : « Je » suis étrangère à tout ce que vous voulez dire. Je » ne me suis livrée à aucun maléfice, mais Dieu » m'a parlé par ses *voix,* me commandant d'aller » délivrer le royaume de France. »

Elle savait trop bien le sort réservé aux sorciers des deux sexes, et puis elle était incapable d'une imposture.

Mais que pouvaient sa sublime intelligence, son clair génie contre des ennemis maîtres de sa personne et résolus à sa perte.

Seule à ne point admettre comme vraies les prophéties de Merlin, elle mourut victime de la crédulité universelle qui leur était accordée, c'est-à-dire d'une des plus tristes aberrations humaines.

Il n'est pas moins vrai que, durant neuf siè-

cles, de 450 à 1400, la parole du patriote breton
domina la pensée des peuples de la Gaule et de la
Grande-Bretagne, l'assujétissant à son joug comme
un véritable dogme. Grâce à l'effort persévérant
des bardes, tout ce que l'histoire et la légende
avaient transmis par la plume des écrivains ou la
bouche des ménestrels, en cet espace de temps,
s'était trouvé prédit par Merlin : guerres, morts
illustres, actions mémorables, etc.

Au xiiᵉ siècle, on ne jugeait que par lui. Un peu
auparavant même, le sévère abbé Suger, condis-
ciple de Louis VI le Gros à l'abbaye de Saint-
Denis, plus tard son historiographe et son ministre,
ne craint pas de le citer comme une autorité irré-
futable. *(Vie de Louis VI, en latin.)*

Pierre Abailard, en plein xiiᵉ siècle, explique à
a foule de ses disciples les prophéties de Merlin,
devenu l'objet de l'engouement universel. Poëtes,
chroniqueurs, historiens, tous s'en réfèrent à son
témoignage.

Au xivᵉ siècle, Edouard III, roi d'Angleterre,
revendiquant la couronne de France contre Philippe VI de Valois, appuie ses prétentions sur une
prophétie attribuée au fameux enchanteur. (Méze-
ray, *Histoire de France*).

Enfin au xv⁰ siècle, nous l'avons vu, c'est son nom qu'invoquent les guerriers de Jeanne d'Arc, chassant les Anglais du sol de France.

Arthur de Bretagne et Jeanne d'Arc ne furent pas les seules victimes des patriotiques fanfaronnades des bardes parlant au nom de Merlin. Il y en eut une troisième, Georges, duc de Clarence. Son frère Edouard IV, roi d'Angleterre, inquiet du sort de sa postérité, avait consulté les fameuses prophéties; ayant découvert qu'un de ses parents, dont le nom commencerait par un G ravirait le trône à ses enfants, il ordonna de jeter le malheureux prince dans la tour de Londres et le fit mettre à mort. Le prétexte fut que le duc avait demandé, sans l'aveu du roi, et pour se soustraire à son autorité, la main de Marie de Bourgogne, fille de Charles le Téméraire (1478).

Il appartenait à Rabelais, qui fut la science, le bon sens, l'esprit incarnés, de mettre à leur véritable point Merlin, sa légende et ses prophéties, admirant l'un comme le type le plus parfait du patriote, n'hésitant pas à reléguer les autres dans le domaine de la pure fantaisie.

Le coup qu'il porta fut mortel. Pour cela il n'eut pas recours au mépris, encore moins à

l'outrage. Il employa la satire, son arme favorite.
Rien de plus finement risible que la manière dont
il met en scène l'enchanteur. Point méchant son
badinage ; il est bien gaulois par son inaltérable
bonhomie. Oyez et admirez cette entrée en matière,
empruntée à la *Chronique Gargantuine*, laquelle
constitua la première version de l'ouvrage intitulé :
Vie de Gargantua et de Pantagruel.

« Tous bons chevalliers et gentilz hommes,
» vous debvez sçavoir que, au temps du bon roy
» Artus, il estait un grant philosophe nommé
» Merlin, le quel estait expers en l'art de nigro-
» mance plus que nul homme du monde, le quel
» jamais ne cessa de secourir l'estat de noblesse,
» dont il mérita par ces faictz estre appelé prince
» des nigromanciens. Le dict Merlin fist de grandes
» merveilles, les quelles sont fortes à croire à ceulx
» qui ne les ont veues. »

Son personnage une fois annoncé, il nous conte
ses mirifiques travaux, qui tous avaient pour unique objet d'être utile au vaillant roi Artus, son
maître.

Transporté par sa seule volonté sur la plus
grande montagne d'Orient et muni d'une enclume
haute comme une tour, ainsi que de marteaux à

l'avenant, il créa le géant *Grand-Gousier*. Ce fut
pour lui jeu d'enfant. Il broya, à l'aide de ces
outils, les os d'une baleine masculine mélangés
de « la rongneure des ongles de la belle Geneviève
» épouse d'Artus, qui pesaient environ cinq livres,
» le tout arrosé du sang de Lancelot du Lac,
» contenu dans une ampolle (ampoule, vase) et
» par la challeur du soleil, de l'enclume et des
» marteauls fut engendré *Grand-Gousier*. »

Une femme était nécessaire au géant. Merlin la
fabriqua par le procédé susdit au moyen de ses
marteaux et de son enclume, mais il prit les os
d'une baleine femelle. Il l'appela *Gargamelle*.

Ensuite il leur procura une jument « tellement
» puissante qu'elle pouvait bien porter les deux
» aussi facilement qu'un cheval de dix écus un
» simple homme », puis il s'en alla à la cour
d'Artus, son maître, pour l'aider de ses conseils.
Il enjoignit en partant à Grand-Gousier et à son
épouse de venir l'y trouver aussitôt que celle-ci
serait accouchée, car il lui annonça que l'événement était proche. Elle l'ignorait ! Effectivement
la chose arriva quelques semaines après, *comme
il l'avait prédit.* L'enfant s'appela *Gargantua*
« le quel est un verbe grec qui vault autant dire :

» Tu as un beau fils — gar (garçon) — gant ou
» gent (gentil) — tu as. »

Quand l'enfant eut sept ans, les parents son-
gèrent à le mener à la cour du roi Artus. Pour
trouver le chemin ils n'eurent, selon le conseil de
Merlin, qu'à tourner la tête de leur jument vers
l'occident. Incontinent elle sentit la véritable di-
rection ; elle partit, les portant tous deux, et ne
s'arrêta qu'au rivage de la mer.

« Là, les deux époux furent moult esbahys de
veoir tant d'eau. » Ils avaient amené pour leur
nourriture tout un troupeau de bœufs et de moutons, mais les gens de l'Armorique se ruèrent dessus et après les avoir emmenés, les dépecèrent
avec de grands couteaux.

Furieux autant que « déconfiets » Grand- Gou-
sier et Gargamelle « prindrent chacun le rochier
» qu'ils avaient apporté sur leur teste pour mon-
» trer à Artus leur puissance, puis, se mettant en
» la mer, ils les posèrent l'un en face de l'autre
» pour empeschier l'accès de Bretons. Le premier
» rochier est appelé le *Mont-Saint-Michel*, l'autre
» *Tombelaine.* » Mais cet effort avait fatigué outre
mesure nos voyageurs et ils moururent *faute d'une
purgation !*

Voilà Gargantua orphelin. Heureusement Merlin veillait. Devinant la mort des parents de son protégé il accourut d'Angleterre, le mit sur un nuage et s'en vint avec lui au port de Londres. Là il le présenta au roi Artus, parlant ainsi :

« Très puissant prince, j'amaine un person-
» naige en vostre pays, le quel est assez puissant
» pour deffaire et mettre affin tous vos ennemys
» s'ils estoyent assemblez en ung ost, et plus de
» cent mille hommes d'avantaige.

» — Déa! dist le roy, comment est-il possible?
» Moy qui ay tant de vaillans gens de guerre, j'ay
» perdu deux batailles ceste sepmaine passée.

» — Sire, dit Merlin, à ceste foys leur mons-
» trerez que ilz ne vous doibvent pas venir veoir
» de si près. »

Les plus redoutables ennemis d'Artus étaient les Gos et les Magos. Gargantua demanda avec mépris où étaient ces misérables adversaires. On le conduisit devant leur camp. Immédiatement il fondit sur eux, bien qu'ils fussent plus de trente mille, avec une massue de fer que lui avait fabriquée Merlin et qui était longue de soixante pieds. « Il se fourra en la bataille comme un loup en
» ung troupeau de brebis, frapant sà et là,

» criant : « Vive le bon roi d'Artus, car je vous
» montrerai l'offence que vous luy avès faicte ! »

Vainement ils demandèrent merci. Ils furent
tous exterminés. *« Après quoi vint l'armée du roy
Artus, qui fist le pillage. »*

Le roi Artus ayant eu à combattre ensuite les
Hollandais et les Irlandais, ce fut encore Gargantua
qui, sur les encouragements de Merlin, le débar-
rassa de ces nouveaux ennemis. Dans une dernière
bataille, où « il escarmoucha de çà, de là, avec
» sa massue à deux mains aussi fermement que
» fait un lion quand il prend sa proie, *il tua cent*
» *mille deux cent et dix ennemis justement et vingt*
» *qui faisoient les morts sous les autres.* »

Après avoir fait prisonniers le roi et les barons
du pays au nombre de cinquante, il les mit tous
dans une dent creuse qu'il avait. Restait un géant
de douze coudées de haut, venu au secours des
Gos et Magos. Gargantua le saisit et *« lui plia les*
» *reins en la forme et manière que l'on plierait une*
» *douzaine d'aiguillettes et le mit en sa gibecière,*
» *puis l'emporta tout mort à la cour du roi Artus. »*

Après sa victoire sur les Magos, Artus l'avait
fait habiller de neuf. Dans ce costume magnifique
il entra, dit le conteur :

« Huit cens aunes de toile pour chemise ; —
» pour pourpoint, sept cens aunes de satin, moitié
» cramoisi, moitié jaune ; — trente deux aunes et
» demi-quartier de velours vert pour la bordure ;
» — deux cens aunes d'écarlate et trois quartiers
» et demi pour les chausses ; — pour la saye, neuf
» cens aunes, moitié rouge et jaune ; — pour le
» manteau, quinze cens aunes de drap et pour
» les souliers, cinquante peaux de vaches.

» Au regard de monteure, quoi qu'on en die, il
» refusa de en prendre à cause que il allait bien à
» pied ; car en trente pas il faisoit autant de che-
» min que ung poste eust sceu faire à quatre che-
» vauchées avecques un bon cheval.

» Après que les habillements furent parachevéz
» et que Gargantua se veit en ce point atourné et
» vestu de ces sumptueulx atours, il ressembloit au
» paon qui faict la roue, car il mist ses deux mains
» sur ses deux coustez en la présence du bon roi
» Artus et de touz les gentilz hommes et nobles
» barons. Adonc le dict Gargantua estant eslevé
» sur ses deux piedz, il se regarda d'ung fier cou-
» raige en faisant deux ou troys tours de la teste,
» puis dist :

« Bon faict croire le conseil d'ung prugneur

» Merlin, car bien me dist ce que je vois mainte-
» nant quand il dist que ne refusasse en rien le bon
» roy Artus, car, pour ung simple service que luy
» ay faict d'avoir destruytz et vaincuz les Gos et
» Magos, il m'a tant aymé qu'il m'a donné ses
» sumptueux habitz, dont je suis fort tenu à
» luy. »

   » Gargantua demeura auprès d'Artus pendant
» deux cents ans trois mois et quatre jours juste-
» ment, après quoi il fust ravi au pays des fées par
» Morgane et Mélusine. »

I

   Comme complément de cette étude sur Merlin,
voici quelques pages, résumées d'un très vieux
roman de chevalerie et relatives à la création, par
lui, de l'ordre des chevaliers de la Table-Ronde, à
la mort d'Ambroise, le premier des rois celtes à la
personne duquel il fut attaché et à l'avènement de
son successeur, le fameux roi Arthur.

   C'est pour bien pénétrer le lecteur de l'importance que l'imagination populaire attribuait à

Merlin dans les conseils des rois dont il fut le con-
fident, et aussi de l'ascendant qu'il exerça sur leur
esprit et leurs résolutions. Sans lui, rien de possible ; avec son aide, rien qui ne puisse être tenté
et accompli. Il sauve l'État à son gré, grandit ou
abaisse, selon sa fantaisie, les barons, les princes
qui entourent le monarque et dont la plupart cons-
piraient sourdement contre lui. C'est l'homme
nécessaire, providentiel. Comment s'étonner, après
cela, qu'il y ait dans sa tragique aventure autant
de fable que de vérité, sinon davantage ?

« Adoncques, dit-il, un jour, à l'ermite Blaise,
» prête-moi grande attention : je vais te confier un
» important secret, celui de la Table-Ronde où le
» Christ but et mangea avec ses disciples. Elle
» était perdue. Je l'ai retrouvée. Je la rétablirai
» pour le roi, mon maître. Il y fera asseoir cin-
» quante de meilleurs chevaliers et hommes de bien
» du royaume. Mais ceux qui y seront admis sous le
» règne de son fils seront encore meilleurs et auront
» plus de renommée. Je m'en vais à Cardeuil, dans
» le pays de Galles, pour dresser cette table. »

Merlin alla donc dans cette contrée où le roi
(sans doute Ambroise Aurélien) tenait sa cour et y
apporta la fameuse table. Il y fit asseoir les plus

nobles et les plus vertueux chevaliers du temps,
au nombre de cinquante. Le roi ordonna qu'ils
fussent servis, choyés, respectés comme lui-même.
Il vint les visiter et leur demanda s'ils étaient sa-
tisfaits, à quoi ils répondirent :

« Sire, nous le sommes tellement que nous
» vous demandons la permission d'amener nos
» femmes, nos enfants et de vivre à vos côtés dans
» la paix de votre glorieux règne, car nous n'avons
» tous qu'un seul cœur. »

Le roi leur dit :

« Est-il vrai que vous n'ayez tous qu'un cœur?
» — Oui et cela est fort étonnant. Nous sommes
» venus ici sans nous connaître, nous ne nous
» étions jamais vus et cependant, nous nous ai-
» mons déjà comme si nous étions frères ; nous ne
» voulons plus nous séparer, la mort seule pourra
» nous disperser. »

Le roi fut enchanté de ce qu'il venait d'ouïr.
Ainsi fut installée par Merlin cette table fameuse.

II

Mais ceux qui n'avaient pas été choisis pour s'asseoir à la Table-Ronde gardaient rancune à Merlin, qui était retourné dans ses forêts. Ils répandirent la nouvelle qu'il avait été tué par un paysan. Une place était restée inoccupée. L'enchanteur avait dit que, si quelqu'un voulait l'usurper, il lui arriverait malheur.

Un de ses ennemis, voulant discréditer sa prophétie, s'adressa, un jour, aux cinquante chevaliers qui étaient attablés, leur disant : « Vous allez » voir s'il m'arrive malheur, comme l'a prétendu » Merlin ! » Et il s'avança vers le siège resté vacant. Il s'y assit, mais immédiatement il fondit comme fait un morceau de plomb au feu et personne ne sut jamais ce qu'il était devenu.

En ce moment Merlin apparut aux yeux de tous comme par magie et dit au roi :

« Ainsi advient-il à plusieurs qui cuident enginer autrui et qui s'enginent eux-mêmes. » — Et il s'évanouit comme une ombre.

III

Lorsque Merlin revint au palais de son souverain, les affaires du monarque étaient en très mauvais état. On venait d'apprendre à Ambroise que les barons s'étaient révoltés contre son autorité et que les païens avaient soumis à leur obéissance une grande partie du pays. Lui-même était malade.

Ce n'est pas tout : on avait vu rôder autour de la demeure royale un petit vieux vêtu d'une robe de bure, comme un ermite, marchant à l'aide d'une béquille et cachant son visage sous son vaste capuchon. Il avait surpris le petit Arthur (le fils du roi) jouant dans le parc. Il l'avait pris dans ses bras, comme pour le caresser, et s'était enfui avec l'enfant.

A cette nouvelle, le roi fondit en larmes. Se souvenant de Merlin, il s'écria : « Merlin, mon sage » conseiller, où es-tu? Pourquoi te tiens-tu éloigné » de moi? Tu me délaisses, ingrat! Tu m'avais » pourtant promis de me prêter en toute occasion » aide et assistance! Oh! bien certainement tu es » mort, sans quoi tu serais déjà à mon chevet! »

IV

« Me voici, » dit une voix douce. C'était Merlin, son fidèle ami, qui accourait.

Le roi le pressa dans ses bras et lui conta ses malheurs :

« Quelles catastrophes depuis ta disparition.
» Les païens victorieux! Moi malade! Mon fils dis-
» paru! Sais-tu où est Arthur? Sais-tu qui a en-
» levé mon fils chéri? »

Merlin, souriant, répondit :

« Maître, de ma solitude j'ai entendu tes
» plaintes et je suis venu à toi; elles me brisaient
» l'âme. Cesse de te désoler, Arthur est en lieu sûr.
» Il grandit en force et en sagesse, il est beau, ro-
» buste, gracieux. Rien ne manque à ses désirs.

» Quant aux mécréants, n'en aie nulle crainte.
» Réunis tout ce que tu pourras de guerriers cou-
» rageux, annonce-leur que Merlin, l'ami des mau-
» vais jours, est revenu et mets-toi à leur tête. Tu
» te feras transporter auprès d'eux sur ton lit. Im-
» plore le Dieu des armées et dirige leurs coups.
» Le triomphe est certain. »

Le roi promit de suivre ce conseil. Il se fit porter, comme le voulait Merlin, au milieu de ses troupes et commanda l'attaque.

V

Quand les Infidèles l'aperçurent, ils se mirent à rire. « Quel triste sire qui guerroie du fond de sa bière et qui, en bière, va à la bataille! »

Mais le roi, les entendant, se redressa sur son lit et leur dit :

« Mieux vaut être couché en bière que se bien » porter et être vaincu. L'honneur est plus cher » que la santé. Mieux vaut la mort que la flétris- » sure. Je vous montrerai qu'un guerrier abattu » par le mal, mais qui a le cœur robuste, saura » vous vaincre, vous qui êtes en pleine force. »

Ses soldats, enflammés par ces paroles se ruèrent furieusement contre l'ennemi et, après un long combat, le taillèrent en pièces.

Merlin, au lendemain de la victoire, était assis au chevet de son maître qui, sentant ses forces disparaître, lui dit :

« Je n'ai plus longtemps à vivre. Me quitteras-
» tu avant que je meure et ne te reverrai-je
» plus ? »

Merlin répliqua :

« Je reviendrai une fois seulement.

» — Alors, en grâce, dis-moi ce que j'ai à faire,
» maintenant que j'ai la victoire, pour mourir
» dignement.

» — Partage tes richesses entre les malades et
» les pauvres gens. Souviens-toi que celui qui est
» au premier rang par la fortune manque à son
» devoir en ne répandant pas le bien-être autour
» de lui.

» Tu as vécu puissant, riche. Soulage les mal-
» heureux en souvenir des biens que tu as reçus
» en naissant. L'homme n'emporte rien d'ici-bas,
» sinon ses œuvres. »

Le roi fit apporter auprès de son lit les coffres
où étaient renfermés ses trésors, manda à son chevet les indigents, les veuves, les orphelins, et leur
fit distribuer à tous de l'argent, ainsi qu'aux malheureux qui avaient eu à souffrir des exactions des
païens.

Tous pleuraient, Merlin surtout.

A peine le devin eut-il quitté le palais, que le

roi s'affaiblit tout à fait, perdit la parole, inclina la tête sur sa poitrine et, dans la fastueuse demeure, partout retentit cette exclamation : « Le roi est mort ! »

VI

Au bout de trois jours, Merlin reparut. On lui annonça la triste nouvelle. Il sourit, disant :

« Vous vous trompez, bonnes gens, mon bien-
» aimé maître n'est pas encore mort. On ne meurt
» pas aussi promptement quand on a aussi bien
» vécu. »

Il se fit conduire auprès du roi, dont les yeux étaient fermés. « C'est son dernier sommeil », dit-il. S'approchant de la fenêtre, il l'ouvrit et l'air pur du matin pénétra, vivifiant, dans la chambre.

Alors il s'adressa à la foule des courtisans :

« Que celui qui veut entendre les dernières paroles du roi viennent auprès de son lit. » Puis il appela le malade à haute voix et dit : « Tu
» meurs en monarque vertueux et brave. Sache
» que c'est moi qui ai enlevé ton fils et qui dirige
» son éducation. Il sera roi après ta mort et il
» achèvera l'œuvre de la Table Ronde. »

Quand le roi entendit parler de son fils ses yeux brillèrent de joie puis, étendant les mains comme pour presser celles de Merlin, il retomba sur sa couche et s'endormit dans la mort.

VII

Le trouble fut grand parmi le peuple après que le roi eût succombé. On envoya quérir Merlin pour le consulter sur le choix de son successeur. Il vint et assura qu'à Noël, époque qui était proche, un héritier surgirait.

Ce jour-là on vit devant la cathédrale de Caer-léon un singulier spectacle. En face du portail était un perron de marbre de trois degrés et, sur ce perron, une énorme enclume d'acier dans laquelle un glaive était enfoncé. Sur la garde était écrit :

« Celui qui me retirera sera roi. »

L'inscription fut lue au peuple et on engagea les grands du royaume à tenter l'épreuve chacun à son tour. Mais aucun ne put enlever l'épée, les six rois de la Grande-Bretagne non plus. Alors le

président de cette assemblée princière fit appel aux
enfants, qui échouèrent comme les autres.

Il y en avait un qui était venu avec un vieillard
appelé Antor, lequel l'avait adopté et nourri. On
lui fit signe d'approcher; il était timide; la foule
riait de son embarras; mais, à peine sa petite main
eut-elle touché l'épée qu'il la tira aussi légèrement
de l'enclume que si elle avait été seulement posée
dessus. Tous tombèrent en admiration. Le président s'écria : « Va, mon fils, tu es roi. »

Survint Merlin, qui salua l'enfant du nom
d'Arthur et l'appela « monseigneur ».

La Pentecôte arrivée, le sacre eut lieu. Il cei-
gnit au jeune roi l'épée qu'il avait tirée de l'enclume et elle jeta une grande clarté. Son nom était
Escalisor, mot d'origine celtique qui signifie en
français *tranche fer*. Merlin la connaissait bien.

Voilà comment Arthur ou Artus devint roi.

Pour en finir avec Merlin, une question : Fut-il,
comme l'affirment certains historiens, l'apôtre, le
fondateur d'une religion nouvelle, le *Néodruidisme?*
Et d'abord, en quoi consistait-elle?

Son principe était une conception de l'amour
toute particulière, inconnue jusque-là, à savoir :
l'homme et la femme constituant un but l'un pour

l'autre, l'amour une source de force, un mobile d'héroïsme.

Il est bien vrai que le principe de cette révolution morale et religieuse fut entrevu dans le temps où vivait Merlin. Le courant d'idées qu'elle traduisit appartient véritablement aux Celtes du vi* siècle. Il caractérise supérieurement leur génie plein de tendresse et qu'incarna le barde, mais il ne faut pas exagérer leur mérite. Ils n'eurent du nouveau culte qu'un sentiment vague, indéfini, non raisonné, du moins cela est probable.

L'évolution s'accomplit bi... plus tard. C'est dans les monuments gallois u... ... s qu'on voit la conception du Néodruidisme se développer, s'élargir, et cela sans discontinuité, sans arrêt, jusqu'au xii* siècle, où son épanouissement est complet.

Ce fut un progrès sur le druidisme primitif et le christianisme romain du Moyen âge. Tous deux avaient servi l'intérêt de la femme, mais incomplètement. Par son principe d'activité, d'individualité de l'âme, le premier, tout en l'élevant moralement, la maintenait dans l'infériorité. Religion d'intelligence et non d'amour, il saluait en elle les forces de la nature plus que la personne morale, et son esprit était opposé au rapprochement des sexes.

Le christianisme primitif avait, lui aussi, affranchi la femme, mais en la séparant de l'homme par l'ascétisme, idéal faux et contraire à la nature.

Ainsi, Merlin et les bardes kimriques, à qui il confia le dépôt du nouveau culte, n'en eurent point un sentiment nettement défini.

J'ai parlé assez longuement du fameux roi Artus ou Arthur. C'est qu'on ne peut séparer son souvenir de celui de Merlin. Il personnifie le génie héroïque de la Gaule dont le second incarne le génie idéaliste; aussi, dans la légende, le monarque n'est pas moins grand que le barde. Arthur fonda l'ordre des chevaliers de la Table-Ronde.

« Empereur des îles et du continent, chantaient
» les ménestrels, il parcourt l'univers en vain-
» queur, rétablissant le christianisme détruit par
» les Anglo-Saxons, envahisseurs du pays, con-
» quiert l'Irlande, l'Écosse, les Orcades, et règne
» paisible dans sa somptueuse résidence de Caer-
» léon. »

Les chevaliers de la Table-Ronde furent vingt-quatre, puis cinquante. Cette appellation vient, dit-on, de l'habitude qu'ils avaient de se réunir

autour d'une table circulaire pour éviter les que-
relles de préséance. Cette table est conservée à
Winchester, on y voit, gravés sur le marbre, les
noms des chevaliers. Tout un cycle de poèmes du
Moyen âge a été composé en leur honneur; les
principaux sont : *Lancelot du Lac, Saint-Graal,
Tristan de Léonnais, Merlin, Blanchefleur.*

J'ai épuisé mon sujet. Comme on le voit, ce
pays breton est fertile en souvenirs. Il y en a
d'âpres comme son sol de granit, de tendres et
touchants comme ses sentiers mystérieux enfouis
sous l'ombre des vieux chênes. On peut l'ignorer.
Il est difficile de l'oublier quand on y a vécu, impossible de ne pas l'aimer quand on y a reçu le
jour.

FIN

3-91 691. — Paris, Typ. Morris Père et Fils, rue Amelot, 64.